참지않을용기

세상은 결국 참는 사람이 손해 보게 되어 있다

참지 않을 용기

히라키 노리코 지음 | 황혜숙 옮김

센시오

세상은 결국 참는 사람이
손해 보게 되어 있어!

나만 참으면 될 거라는 생각이
인생을 비극으로 바꾼다

심리학자 알프레드 아들러는 "인간은 변할 수 있고, 누구나 행복해질 수 있다"라고 말한다. 단 그러기 위해서는 '용기'가 필요하다. 자유로워질 용기, 행복해질 용기, 그리고 참지 않을 용기.

더 이상 참지 않고, 나답게 마음 편히 살고 싶다.

이는 누구나 바라는 일이지만 현실은 그렇게 녹록지 않다. 여전히 많은 사람이 나답게, 자유롭고 편하게 살기는커녕,

하고 싶은 말, 하고 싶은 일은 참고 주변 사람들에게 맞추며 '나'를 잃은 채 산다. 그들은 대부분 다음과 같이 생각한다.

- 몇 년 만에 다시 만난 친구와 퇴근길에 술 한잔하기로 약속했는데, 상사가 야근을 시켜서 친구와의 약속을 취소했다. 그런데 이런 나 자신에게 화가 난다.
- 자신의 꿈과 하고 싶은 일이 있는데, 가족이나 친구들이 "절대 불가능해", "비현실적이야"라고 말할까 봐 하고 싶은 일을 하지 못한다.
- 참지 않고 하고 싶은 대로 다 말하는 것은 이기적이라고, 손윗사람이나 주위의 의견을 거스르는 것은 좋지 않다고 생각한다.

그들은 참지 않고 하고 싶은 말을 다 하는 것은 이기적인 행동이라는 생각에 일상에서 많은 순간 혼자 참고 넘기는 쪽

참지 않을 용기

을 선택한다.

하지만 주위 사람들과 다른 의견을 말하는 것은 절대 잘못된 행동이 아니다.

일상생활에서, 혹은 업무상 커뮤니케이션 과정에서 갈등이 생기는 것은 매우 자연스러운 일이다. 그런데 그 상황에서 무조건 갈등을 피하는 것은 오히려 모두에게 안 좋은 결과를 가져올 수 있다. 참는 게 상책은 아니라는 거다.

참는 것이 반복되다 보면 심신에 악영향을 미칠 수도 있고, 경우에 따라서는 억눌렸던 감정이 엉뚱한 때에 폭발해서 다른 사람에게 상처를 주고, 인간관계에 회복할 수 없는 균열이 생길 수도 있다.

그렇게 되지 않기 위해서는 매 순간 참고 넘기려는 습관을 버리고 남들과의 갈등을 두려워하지 않는 마음가짐을 우선적으로 가져야 한다.

그렇다면 자신과 타인 사이에 갈등이 일어났을 때, 어떻게 커뮤니케이션하면 좋을까? 자신도 참지 않고 상대방도 참지 않아도 원만히 문제를 해결하려면 어떻게 해야 할까? 그 고민을 해결해주는 것이 바로 자기표현 훈련, 즉 '어서션(assertion) 트레이닝'이다.

어서션이란, 인간관계에서 자신이 하고 싶은 말을 잘 표현하는 것과 동시에 상대방의 마음도 잘 이해하는 건강하고 긍정적인 자기표현 커뮤니케이션이다. 어서션을 실천하기 위해서는 사람마다 표현 방식과 받아들이는 방식에는 차이가 있으며 나아가 '그래도 괜찮다'는 사실을 이해하고, 어떻게 하면 자신의 마음이나 생각을 알기 쉽게 전달하며 상대방에게 공격적으로 들리지 않게 말할 수 있는지 모색해야 한다.

때로는 내가 참기도 하고, 또 때로는 상대방이 참는 경우가 있다는 사실을 인정하면서 '자신도 상대방도 소중히 하는 습관'을 들이도록 노력한다. 이것이 어서션의 목적이다.

그러기 위해서는 자신을 참게 만드는 것이 무엇인지 원인

참지 않을 용기

을 파악하고, 나는 무슨 생각을 하고 있고, 어떻게 하고 싶은지를 이해한 후에 다른 사람들과 교제해야 한다.

인간이 지닌 감정을 깊이 이해하고, 인간다움을 인정하는 것 또한 중요하다. 나아가 자신을 객관적으로 평가하고, 있는 그대로의 자신을 온전히 마주볼 필요도 있다.

이 책에서는 우리가 흔히 참는 상황에 빠지는 여러 순간을 구체적으로 살펴본다. 참는 마음의 메커니즘이란 어떤 것이고, 참는 마음이란 무엇인지 깊이 있게 살펴보고자 한다. 또한 그 과정에서 잊고 있었던 '나다움', '자기다움'을 회복하기 위한 마음가짐과 커뮤니케이션 방법을 제시한다.

'참는 것을 그만두는 용기'를 불러일으키고, 나아가 참는 마음으로 인해 생긴 관계의 문제, 업무의 스트레스를 날려버리는 데 이 책이 도움이 되길 바란다.

차례

4장 │ 하고 싶은 말 하면서도 상처 주지 않는 법

5장 | 세상은 결국 참는 사람이 손해 본다

1장

참으면
나만
망가질 뿐!

**How to Stop Swallowing
your Words and Feelings**

참는 게 당연한
직장인들

- 직장에서는 대인관계가 무엇보다 중요하다.
- 상사를 거역한다는 것은 있을 수 없는 일이다.
- 회사생활을 하다 보면 개인 생활을 희생하는 것은 어쩔 수 없다.

기업을 대상으로 세미나를 하다 보면 위와 같은 생각을 하는 사람들을 많이 만난다. 직장인이라면 참는 것은 당연지사이며, 풍파를 일으킬 바에는 자신이 참고 마는 것으로 문제를 마무리하는 편이 낫다고 믿는 사람이 놀랄 정도로 많다.

한번은 한 회사의 과장, 차장 직급인 중간관리자들을 대상으로 커뮤니케이션 트레이닝을 한 적이 있다. 그들에게 다음과 같은 상황을 예로 제시했다.

> 부장님이 퇴근 직전 갑자기 "이 서류 내일 아침까지 작성해주게"라며 급한 업무를 부탁한다. 그 일을 맡은 사람은 부하직원인 A 씨. A 씨라면 2시간 정도면 끝낼 수 있는 업무였다. 하지만 A 씨는 개인적인 일정으로 야근할 수 없다고 한다. 이 상황에서 과장인 나는 어떻게 대처하는 게 좋을까?

그 자리에 참석한 거의 대부분의 사람들의 대답은 다음과 같았다.

"상사의 명령을 거절할 수도 없고, 그렇다고 부하직원한테 야근을 강요할 수도 없으니 그냥 제가 처리해야죠."

그러면 나는 이렇게 물어본다.

"정말 그걸로 만족하십니까?"

내 질문에 대한 그들의 대답은 주로 이렇다.

"그럼 어떡합니까? 그렇지 않으면 괜히 서로 불편해질 수도 있을 텐데요."

워라밸을 중시하는 젊은 직원에게 "야근을 하더라도 처리

해놓고 가라"라고 지시했다가는 괜히 불만을 품고 그만둘 수도 있고, 그렇다고 부장이 지시한 일을 제때 해놓지 않았다가는 팀 전체가 깨지는 골치 아픈 일이 생길 수 있으니 그냥 야근을 하더라도 자기가 처리하고 마는 게 가장 속 편한 일이라는 거다. 이처럼 조금 힘들더라도 그냥 자기 혼자만 참고 넘어가는 게 모두를 위해서 가장 좋은 방법이라는 게 대부분 직장인들의 생각이다.

속으로는
도와주길 바라는 사람들

그러나 지금껏 세미나와 상담을 진행하며 만나본 결과 그들의 속마음은 다르다. 사실은 도와주길 바란다. 부하직원에게든 상사에게든 도와달라고 말하고 싶다. 하지만 매번 어쩔 도리가 없다며 그저 참을 수밖에 없다고 생각한다.

안타깝게도 이렇게 '어쩔 수 없다', '도리가 없다'라며 자신의 본심을 억누르고 있다는 사실조차 인식하지 못하는 중간관리직이 늘고 있다.

자신의 업무는 업무대로 하면서 부하직원도 지도하려니 부족한 시간에 늘 허덕이게 되고, 자기 자신의 업무도, 중관관리자로서 부하직원을 지도하는 일도 모두 만족스럽게 해내지 못한다. 결과적으로 부하직원은 부하직원대로 성장하지 못하고, 자신은 업무량이 늘어 점점 스트레스가 쌓여간다. 하지만 눈앞의 일을 처리하는 데 필사적인 나머지, 자신이 계속 참고 있었다는 사실조차 깨닫지 못한다.

물론 열심히 일하는 것을 부정할 마음은 없다. 회사에서는 어쩔 수 없이 자신이 수락할 수밖에 없는 일도 많기 때문이다. 하지만 여기서 알아두어야 할 것이 있다.

일방적으로 무조건 참고 받아들이는 것과 '도와주면 좋겠다'는 마음을 한 번이라도 전한 후에 받아들이는 것은 심적 부담의 정도가 매우 다르다는 것이다. 물론 상대방에게 도움을 요청하거나, 참지 않고 자신의 생각을 전하는 것은 무척 어려운 일이기에 여기에는 훈련이 필요하다.

단순해 보이면서도 가장 중요한 것은 일단 어떻게 해야 할지 생각하며 머릿속에 떠오르는 자신의 생각을 말로 내뱉는 것이다. 이것이 자기표현, 즉 참지 않는 커뮤니케이션의 기본이다. 구체적인 커뮤니케이션 방법은 4장에서 좀 더 자세히 살펴보겠지만, 자기표현 커뮤니케이션 방법을 익히면 자신도 참지 않고 상대방도 참지 않아도 다툼이나 갈등이 생기기는커녕 예상과는 달리 오히려 원만하게 모든 일을 해결해갈 수 있다. 또한 갈등이나 불편한 상황이 생기는 것이 두려워 늘 참아왔던 사람들은 이렇게 자신의 감정이나 생각을 표현했을 때 그동안 두려워했던 것처럼 갈등이나 불편한 상황이 생기지 않고 오히려 원만히 문제가 해결될 수 있다는 것을 경험해보는 것이 무엇보다 중요하다.

참지 않을 용기

무조건 참지 마세요.
무조건 참고 받아들이는 것과
'도와주면 좋겠다'는 마음을
한 번이라도 전한 후 받아들이는 것은
심적 부담의 정도가 매우 다릅니다.

일 잘하는 사람의
참는 습관

- 별로 하고 싶지도 않고, 무리라는 것도 알지만 거절하기 어려워서 그냥 참고 한다.
- 언쟁하기도 싫고, 잘난 척하는 것처럼 보이기도 싫어서 참고 넘긴다.
- 다른 사람에게 부탁하는 것보다 자신이 하는 게 속 편해 불편한 마음을 참고 해버린다.

이런 마음으로 참는 사람들은 자신이 참고 있다는 사실을 인지하고 있으므로 아직은 괜찮다. 심리적으로 가장 큰 문제가 생길 수 있는 사람은 스스로 참고 있다는 사실을 인식하지

참지 않을 용기

못한 채 참는 게 습관이 되어버린 사람이다. 이런 사람들은 '못 할 것도 없지 뭐' 하는 마음에 계속해서 일을 떠맡게 되고, 업무 과부하와 스스로 참는 데서 오는 스트레스가 무의식 중에 겹겹이 쌓이게 된다.

사실 회사에서 능력을 인정받고 있는 사람 중에 이런 유형의 사람이 많다. 그들은 맡은 일은 실수 없이 해내고, 다른 사람은 한 시간 걸릴 일도 30분 만에 해치운다. 또 다른 사람이라면 "이 일정은 정말 무리예요"라고 펄쩍 뛸 상황에서도 자신은 해낼 수 있다는 생각에 일을 수락하는 경우도 많다. 그러다 보면 일은 계속해서 들어오고, 쉴 틈도 없이 일하다 보면 스스로도 무리인 것 같다는 생각이 들 때도 있지만, 자신도 모르는 사이에 계속 참으며 그 많은 일들을 쳐내고 있다.

그러다 보면 당연히 워라밸은 물론이거니와 자신의 일상 생활마저 모두 깨져버리기 마련이다. 피로가 쌓일수록 '왜 그때 내가 이 일정을 수락했을까?' 하는 후회를 반복하지만 어쨌든 무리한 일정을 소화해낸다.

이런 사람은 얼핏 보면 참는 것처럼 보이지도, 무리하고 있는 것처럼 보이지도 않는다. 부탁받은 일은 거의 거절하지 않기 때문에 주변에서는 '일 잘하는 사람'으로 평가한다.

그렇지만 아무리 일을 잘하는 사람이라도 끊임없이 쏟아지는 업무를 처리해나가다 보면 몸도 마음도 당연히 지칠 수밖에 없다. 겉으로는 전혀 티가 나지 않아 참고 있는 것처럼 보이지 않아도 실제로는 속이 상할 대로 상해 있거나, 혹은 몸이 안 좋아도 그것조차 의식하지 못하고 있을 수도 있다.

'이 일은 거절하는 게 좋을 것 같은데… 그냥 다른 사람한테 한번 부탁해볼까? 아냐, 이렇게 고민하고 있을 바에는 그냥 내가 해치우는 편이 낫지.'

바로 이런 생각에서부터 악순환이 시작된다.

능력 있는 사람이 겪는 잘못된 사고의 순환은 다음과 같다.

- 참는다
⇨ 과도한 업무가 주어진다
⇨ 업무 과부하로 힘들다
⇨ 지금 내가 힘든 것보다 일을 끝내는 게 우선이라고 생각해 참고 업무를 잘 마친다
⇨ 능력을 인정받는다
⇨ 다시 과도한 업무가 주어진다

참지 않을 용기

당신이 지금 회사에서 능력을 인정받고 있다면, 매번 과도한 업무에 시달리고 있다면 이와 같은 잘못된 사고의 순환을 겪고 있는 것은 아닌지 점검해보길 바란다.

'하려고 하면 못 할 것도 없어'는
위험신호

자신이 참고 있다고 느낀다는 것은 바꿔 말하면 '싫은 느낌'
이 든다는 얘기다.

'야근만 없으면 빨리 집에 갈 수 있는데….'

'이 일 때문에 괜히 내가 손해 봤어.'

이렇게 참는 데서 오는 불쾌감은 결코 즐거운 일은 아니지
만, 이런 불쾌감은 '슬슬 한계야', '더 이상은 못 하겠어'라는
것을 스스로에게 알리는 신호이기 때문에 절대 그냥 지나쳐
서는 안 된다.

불쾌한 신호가 오면 사람은 스스로 참지 않는 방향으로 움
직이려고 한다. 거절하거나, 다른 사람에게 부탁하거나, 의논

참지 않을 용기

을 통해 어떻게든 스스로를 보호하려고 한다. 그중에는 참다 못해 무단결근을 하거나 더 이상 아무것도 할 수 없는 소진 상태가 되어 갑자기 회사를 그만두는 사람도 있다.

사회적으로 보면 비상식적인 행동이지만, 스스로를 지키기 위한 행동이라고 생각하면 이해가 간다. 참고 있다는 신호를 받아들여 자신이 망가지기 전에 손을 쓴 것이므로 어떤 의미에서는 제대로 된 판단이라고 해도 좋다(물론 이러한 행동이 반복되면 정상이라고 할 수 없지만).

이에 반해 능력이 많고, 하려고 하면 충분히 할 수 있다고 생각하는 사람은 '싫은 느낌=참는 불쾌함'을 거의 느끼지 못한다. 설사 느끼더라도 '하려면 못 할 것도 없는데 굳이 분란을 일으킬 필요는 없지'라는 마음이 더 크기 때문에 자신이 참고 있다는 생각을 잘 하지 않는다.

참고 있다는 신호를 깨닫지 못하는 것은 자신을 지키기는 커녕, 점점 궁지로 몰아넣을 가능성이 높다는 사실을 의미한다. '하려고 하면 못 할 것도 없어'라는 사고방식 자체가 스스로에게 '하자!'라는 결심을 부추겨서 결국 자신을 계속해서 힘들게 하기 때문이다.

많은 것들을 참아내느라 몸과 마음이 지쳤을 때
마음에서는 '더 이상 참을 수 없다'는 신호를 보내옵니다.
이 신호를 깨닫지 못한다면 자신을 지키기는커녕,
지쳐 있는 마음을 점점 더 궁지로 몰아넣을 수 있습니다.
마음이 보내는 위험신호를 흘려보내지 마세요.

'자신을 책망하는 것'도
참고 있다는 증거

참고 있다는 신호를 눈치채지 못한 채 '하면 할 수 있다' 식으로 살다 보면 아무리 능력이 좋아도 사람인 이상 언젠가는 한계에 부딪힌다.

- 부탁받은 일을 예정대로 끝내지 못한다.
- 계속되는 불면증으로 업무 능률이 오르지 않는다.
- 의욕을 잃고 아침에 못 일어난다.

이런 위험 조짐이 보이기 시작하더니 결국 마음먹은 대로 일을 해내지 못한다. 이 정도 되면 '더 이상은 못 해', '할 만큼

했으니 이제는 나부터 좀 추스르자'라고 생각해도 좋을 텐데, 한계를 넘어버린 사람들은 대부분 그렇게 생각하지 않는다.

부탁받은 일을 제대로 끝내지 못했거나, 잠을 잘 못 자서 머리가 안 돌아갈 때 그들은 '무책임하다', '일을 끝내지 못해 죄송하다', '도움이 되지 못하다니, 구제불능이다'라고 자신을 책망한다.

제대로 잠도 못 자고 피곤해서 심신이 엉망진창인데, 그 와중에 스스로를 책망하기만 한다면 그것은 참는 줄도 모르고 계속 참고만 있었던 스스로가 보내는 SOS다.

'열심히 해. 조금만 더 하면 모든 것이 잘될 거야.'

이렇게 스스로를 격려하는 말 뒤에는 스스로를 책망하고, 망가뜨리는 '인내', 무조건 참는 습관이 크게 자리 잡고 있을지도 모른다.

참지 않을 용기

무의식적으로 참는 습관이
우울증으로

스스로 참고 있다는 사실을 깨닫지 못하는 데는 또 다른 이유가 있다. 바로 계속 참으며 살다 보니 사람들에게 신뢰받는 '좋은 사람'이 됐기 때문이다.

남들에게 '좋은 사람'이라는 말을 계속 들으면 자신이 올바른 일을 하고 있는 듯한 기분이 들어 그 상태를 계속 유지하려고 한다. 그 결과 점점 "NO"라고 말하지 못하고 계속 참기만 한다.

이처럼 무의식적으로 참는 상황이 계속되면 참는 상태가 습관화가 되어 결국엔 스트레스도, 피로도 아무것도 느끼지 못한다. 감정이 둔해지거나, '이런 거 정말 싫어!', '더 이상 못해 먹겠네'라는 감정조차 사라진다.

이것이 바로 지적 기능이 우세해서 정서적 기능을 억눌러버리는 상태, 즉 '우울증'의 증상이다. 지적 기능, 즉 머리를 써서 일에 너무 몰두한 나머지 자신이 지금 어떤 기분인지, 즐거운지 괴로운지를 파악하는 정서적 기능이 마비되는 것이다.

참는 것은 감정을 억누르는 것이다. 스스로는 깨닫지 못한 채 무의식적으로 지나치게 참다 보면 우울증, 혹은 우울증에 가까운 상태에 빠질 위험이 높다.

갑자기 화가 치밀어 오르는 사람들

무의식적으로 계속 참다 보면 우울증에만 걸리는 것이 아니라, 어느 날 갑자기 불같이 화를 내기도 한다. 너무 많이 참아온 나머지, 자기 안에 쌓여 있던 원통함이 다른 사람에게 폭발하고 만다.

'난 열심히 해왔어. 죽을 만큼 열심히 했어. 그런데도 제대로 보상받지 못하다니! 나를 이런 상태로 만들다니!'

'나는 왜 이 모양일까?'라는 자책감이 서서히 분노로 바뀌어 '내가 나쁘다'가 '남이 나쁘다'라는 정반대의 마음으로 돌아선다.

이처럼 너무 많이 참으면 성실하고 온화한 사람이 갑자기 공격적인 사람으로 변해버리기도 한다. 공격하는 대상은 자신을 호되게 부려먹는 사람에게만 국한되지 않는다. 지금 상황과 아무 상관도 없는 부하직원이나 가족, 친구, 혹은 전혀 안면도 없는 처음 보는 사람에게 분노를 폭발시키기도 한다. 참다 참다 한순간에 모든 상황을 최악으로 만들어버리는 것이다.

이처럼 참고 있다는 사실을 깨닫지 못한 채 시간이 지나다 보면, 우울증에 걸리거나 갑자기 걷잡을 수 없는 분노에 휩싸이게 된다. 둘 다 자신의 행동을 제어할 수 없는 상태에 다다른 것이다.

제어 불가능한 상태에 빠지기 전에 스스로 '내가 지금 참고 있다'는 사실을 깨닫고 참지 않기 위한 노력을 해야 한다. 이를 위해 '자기표현'이라는 확실한 방법, 든든한 내 편이 있다는 사실을 기억하기 바란다.

참는다는 것은 감정을 억누르는 것입니다.
스스로는 깨닫지 못한 채
무의식적으로 지나치게 참다 보면
어느새 마음이 소진되어 무기력에 가까운
우울 상태에 빠질 위험이 높습니다.
제어 불가능한 상태에 빠지기 전에,
'내가 지금 참고 있다'는 사실을 스스로 깨달아야 합니다.

왜 혼자서는 아무것도
결정하지 못할까?

'나만 참으면 아무 문제 없어.'

어려서부터 이런 생각을 하면서 자라는 아이들이 많다. 이 아이들은 가정에 갈등이 생기는 게 두려워 부모의 말이나 기대를 그대로 받아들인 채 자란다. 하기 싫은 게 있어도, 마음이 너무 괴롭고 힘들어도 부모의 말을 그대로 따르며 생활하다 보면 '나다움'을 발견하고 키워나가야 할 나이에 오히려 '나'는 사라지고, 자신이 무엇을 좋아하고 원하는지조차 모른 채 어른이 된다.

한번은 한 남학생이 진로 문제로 상담을 받으러 왔다. 그는 그때까지 큰 고민도, 문제도 없이 순탄하게 살아왔다고 한다.

지망했던 대학에 입학하고, 하고 싶은 공부를 하고, 아무런 불만 없이 즐거운 대학 생활을 보냈다고 한다.

그런데 막상 졸업 때가 다가와 취업을 하려고 하니 하고 싶은 일이 아무것도 없다는 사실을 깨달았다고 한다. 갑자기 막막하고, 혼란스러운 마음에 상담을 받으러 온 것이다.

"저는 지금까지 진로나 중요한 문제들은 모두 부모님이 하라는 대로 해왔습니다. 아버지는 네가 원하는 곳에 취업하라고 하시는데 제가 뭘 원하는지도 모르겠고, 어떻게 하면 좋을지 잘 모르겠어요. 그냥 누군가가 '너는 여기, 너는 저기로 가'라고 말해주면 좋을 텐데…."

어려서부터 자신의 의지와 상관없이, 아니 의지가 있어도 그저 참아 넘기고 부모가 시키는 모든 것을 받아들이며 자라온 결과, 결국 스스로 결정을 해야 할 순간에는 아무것도 혼자 정하지 못한다는 사실을 깨달은 것이다.

실제로 이런 학생들이 꽤 많이 있다. 특히 똑똑하고 능력 있는 학생들 중에는 하고 싶은 일을 정하지 못한 채 주변 사람들이 권하는 대로 박사과정까지 마치는 경우도 많이 있다.

부모에게 맞춰 부모의 기대를 그대로 들어준다는 것은 그만큼 능력이 있어서이기도 하지만, 어느 순간이 지나면 그때부터는 스스로 결정하는 법을 알지 못해 의존적인 습관을 이어가게 된다. 혼자서 결단을 내려야 하는 순간이 두렵게 느껴진다면, 이제 진지하게 자기 자신을 되짚어보아야 한다.

어릴 때 좋아했던 것에서 자기다움을 찾아라

고등학교나 대학에서 진로를 선택할 때 자신도 모르는 사이에 참고 있었던 무언가를 깨닫는 학생들도 있다. 예를 들면 문과 쪽을 좋아하는데 이과로 진학했다든지, 교육학을 하고 싶었는데 의대를 선택했다든지 하는 경우다.

실제로 대학이나 회사에서 전공이나 소속을 선택해야 하는 상황에 처하게 되어 다음과 같은 상담을 하러 오는 사례가 적지 않다.

학생　"저는 물리학을 전공하고 있는데, 수업을 들을수록 물리에 관심이 없어지고, 새삼스럽게 '생물을 전공할 걸 그랬나' 하고 고민하고 있어요."

나　"어릴 때는 주로 무엇을 하며 놀았나요?"

학생　"저희 아버지는 평범한 직장인이셨는데, 시골에서 살다 보니 친구들과 늘 집 근처 뒷산에서 놀았어요."

나　"뭘 하면서 놀았나요?"

학생　"계절마다 달라요. 봄에는 이것, 여름에는 이것, 가을이
　　　되면 이것을 하는 식이죠. 예를 들면 봄여름에는 여러 가
　　　지 곤충을 잡기도 하고, 가을에는 나무열매를 줍기도 하
　　　고…. 그 주운 것을 길바닥에 늘어놓고, 초등학생 주제에
　　　그것을 팔기까지 했어요(웃음)."

나　"호오, 그랬군요. 혹시 그때 느꼈던 즐거운 경험과 물리학
　　　을 선택한 이유가 상관이 있을까요?"

학생　"…거의 없지요."

나　"그럼 왜 물리학과를 선택했나요?"

학생　"물리학과가 입학 성적이 제일 높아서 선생님이 꼭 여기
　　　에 가라고 하셨어요. 제 성적이라면 틀림없이 합격할 거
　　　라고."

나　"그 얘기는 생물이나 화학에 관심이 있었을 수도 있다는
　　　말인가요?"

학생　"네…. 그런데 그때는 왜 아무 생각 없이 그냥 하라는 대
　　　로 했는지 잘 모르겠어요."

결국 여러 번의 상담 끝에 이 학생은 자신이 원하는 것이

무엇인지를 정확히 깨닫고 전공을 바꿔 생물학도의 길을 걷게 되었다.

이처럼 진로나 취업을 결정할 때, 자기 자신이 하고 싶은 것보다 점수나 합격률, 혹은 주위의 권유로 선택하는 학생이 많다. 특히 교사나 부모님의 추천만으로 자신의 진로를 선택한 학생이라면 좋아하는 것을 참고 정말로 하고 싶은 것을 희생했을 가능성도 있다.

'지금 하고 있는 일에 전혀 흥미가 없다', '아무리 해도 눈앞의 일에 긍정적인 생각이 안 든다.' 이렇게 느끼고 있다면 세상의 일반적인 척도는 접어두고, 스스로에게 '내가 너무 지나치게 참고 있는 건 아닐까?'라고 물어보자.

어릴 때 푹 빠졌던 것이 있었다면, 그것이 힌트가 되어 그 속에서 자기다움이 무엇인지를 찾을 수 있는 실마리가 되어줄 수 있다.

1장 참으면 나만 망가질 뿐!

해리엇 브레이커,
인정중독의 4가지 성격 유형

죽음을 눈앞에 둔 환자들을 간호하며 삶의 마지막을 수년 동안 지켜봐온 호주 출신의 작가 브로니 웨어는 〈인디펜던트〉지를 통해 '죽음을 앞둔 사람들이 남긴 5가지 후회'를 소개했다.

그중 가장 많이 하는 후회는 "남들의 기대에 부응하기 위해 진정한 나로서 살지 못했다"는 것이었다. 자신이 진짜 하고 싶은 일이 무엇인지, 자신이 원하는 것이 무엇인지를 제대로 알지 못한 채 살다 보니 진정한 '나'를 찾지 못했다는 것을 죽기 직전 가장 많이 하는 후회라고 소개했다. 다른 사람의 눈치를 보고, 그들의 시선이나 기대에 맞추는 삶을 사느라 자신의 감정을 억누르며 정작 가장 소중한 '나'를 돌보지 못하고, 내 삶을 행복하게 만들지 못한 것이다.

다른 사람에게 '좋은 사람'으로 보이고 싶은 마음은 누군가의 인정을 받길 원하는 마음으로 누구나 느끼는 자연스러운 감정이다. 그러나 그 인정욕구가 과해지면 '나'보다 타인의 시선과 평가가 우선시되어 자신의 감정, 욕구들은 억압하고 통제하며 매 순간 참는 것이 습관이 된다. 모든 사람들에게 인정받고자 하면서도 정작 자신은 인정하지 않는 것이다.

심리학자 해리엇 브레이커는 이러한 인정욕구로 인해 거절하고 싶지만 거절하지 못하고, 좋은 사람이 되기 위해 애쓰며 결국 자기 자신은 피폐해지는 사람들을 인정중독이라 말하며 크게 분리불안 성격, 완벽주의 성격, 자기희생적 성격, 분노 억제형 성격으로 인정중독 유형의 사람들을 4가지 성격으로 분류했다.

'분리불안 성격'은 타인의 인정과 지지가 지속적으로 이어져야 하며 끊임없이 자기 자신과 타인이 연결되어 있기를 바란다. 이 유형의 사람은 타인에게 거절을 당하거나 부정적인 피드백을 받는 것에 매우 불안해하는 경향이 있다.

'완벽주의 성격'은 회사에서나 관계에서 주변 사람들 모두에게 '유능한 사람', '괜찮은 사람'으로 인정을 받아야만 안심을 한다. 모두의 인정을 받지 못하면 자신이 그동안 해온 성과나 노력들과 상관없이 우울해하고, 수치심을 느낀다.

'자기희생적 성격'은 그야말로 자신의 욕구나 감정보다 타인의 욕구와 감정을 더 우선시하는 유형이다. 이들은 눈치가 빨라 주변 사람들이 무엇을 원하는지 재빨리 알아차리고 그에 맞게 대응해주기 때문에 얼핏 배려심이 많은 사람처럼 보일 수도 있지만, 늘 타인의 욕구를 충족시켜주기 위해 스스로의 감정을 희생하며 살기 때문에 억눌린 채 쌓여온, 언제 터질지 모르는 폭탄 같은 마음들이 내면에 자리하고 있다.

'분노억제형 성격'은 타인과의 갈등이나 언쟁이 두려워 문제 상황에서도 갈등을 피하기 위해 자신의 분노를 억제하고 희생을 감수하는 유형이다.

이 4가지 유형의 공통점은 타인의 인정을 받아도 그 순간이 지나면 다시 인정받고자 하는 욕구가 끓어오른다는 것이다. 그렇기 때문에 자신이 소진될 때까지 이 악순환의 고리를 끊지 못한다.

심리학자들은 이 악순환을 끊기 위해서는 자존감 회복이 가장 중요하다고 말한다. 이를 위해서는 가장 먼저 자신의 감정을 존중할 줄 알아야 한다. 자신이 느끼는 바를 그대로 표현하고, 또 그대로 표현했을 때 스스로 불안해했던 것처럼 관계가 망가지거나, 최악의 상황이 벌어지지 않는다는 것을 실제 경험을 통해 느끼고 이해하는 연습이 필요하다.

용기의 심리학자라 불리는 알프레드 아들러 역시 인정욕구는 버려야 한다고 말한다. 타인의 기준에 자신을 맞추며 타인을 위한 삶을 살지 말고, 누구보다 소중한 '나'를 위한 삶을 살아야 한다는 말이다. 내가 원하는 것, 내가 느끼는 것, 내가 추구하는 것을 당당하게 표현하는 참지 않을 용기가 필요한 이유다.

하고 싶은 말을
다 한다고
이기적인 건
아니다

How to Stop Swallowing
your Words and Feelings

사람은 자라면서
자기다움을 잃어간다

요즘은 그야말로 '개인의 시대'다. 누구나 인터넷을 통해 다양한 정보를 얻을 수 있고, 블로그나 SNS에서 마음껏 정보를 주고받는다. 마음이 맞는 사람들과 교제하고, 가고 싶은 곳에 가고, 직업도 마음대로 고를 수 있다.

얼핏 보기에는 아무런 속박도 받지 않고 인생을 자유로이 살아갈 수 있을 것 같다. 하지만 실제로 우리는 '사회'라는 틀 안에서 살아가고 있기 때문에 그렇게 자유롭지만은 않다.

사회가 만들어낸 '지혜'는 오랜 옛날부터 대대손손 전해 내려온 문화와 습관의 축적물이다. 살아남기 위해 지혜를 모으고, 시행착오를 거듭해오는 과정 속에서 우리는 태어나고 또 계속해서 성장해간다. 가정이나 학교, 사회라는 틀 속에서 익혀나가는 지혜는 우리가 물음표에 봉착했을 때 그 삶의 과정마다 해답을 제시해준다.

하지만 유감스럽게도 그 지혜는 누구에게나 어느 시대에나 맞는다고는 할 수 없다. 불편하게 느끼거나 거부반응을 느끼는 사람도 있다. 어린아이가 울거나 난폭해지는 것도 자신에게 맞지 않는 사회의 지혜에 대항해 자기가 할 수 있는 최대의 의사표시를 하는 것이라고 할 수 있다.

그런 아이들도 커가면서 교육을 통해 세상을 살아가는 방식을 배워나간다. 그 안에서 자신에게 맞는 것은 받아들이고, 맞지 않는 것은 받아들이기 쉬운 형태로 바꾸는 등 자신에게 맞는 방식으로 사회에 적응하는 방법을 익혀나간다.

자기다움을 잃게 만드는 사회의 지혜

그러나 더러는 받아들이기 힘든 것도 있는 그대로 받아들이기도 한다. '모나지 않게' 주변 사람들과 잘 어울리려고 노력하고, 그러기 위해 자신이 참아가면서라도 주변에 맞춘다. 사회적 지혜에 맞춰 자신을 속박하고 스스로를 억누르는 이들이다.

참지 않을 용기

굳이 참지 않아도 되는데도 있는 힘껏 참는다. '착한 아이여야 한다', '좋은 사람이어야 한다'는 사회적인 지혜와 상식에 자신을 맞춰서 스스로를 잃어버리는 결과를 초래한다.

과학이 발전하고 편리해진 사회에서 얼핏 사람은 자유롭게 살아가는 것처럼 보이지만, 미숙한 형태로 태어난 인간은 성장 과정에서 '사회의 지혜'를 배워서 그것에 맞추어 살아갈 수밖에 없고, 그 안에는 인내도 포함된다.

진리라고 여겼던 사회의 지혜가 어느샌가 자기다움을 잃어버리게 만들지는 않았는지, 미덕이라고 생각했던 '인내', 즉 참는 것이 지금 스스로 마음을 괴롭히고 있는 원인은 아닌지 점검해볼 필요가 있다.

그곳의 상식과
나의 상식은 다를 수 있다

아이는 자신이 처한 환경이 어떻든 간에 태어난 곳에서 어떻게든 자신이 있을 곳을 확보하면서 살아갈 수밖에 없다. 아무리 형편없는 곳이라도, 참지 말고 차라리 도망가는 편이 좋을 것 같은 환경에서도, 아이들은 있을 곳이 그곳뿐이어서 그저 참고 지낸다.

　예를 들어 이혼한 어머니가 다른 남성과 재혼해 잘 맞지 않는 새 아버지와 살아야 하는 아이의 경우를 보자. 새 가정을 꾸린 어머니가 자신에게 무관심해졌다. 아이는 속으로 '엄마가 나에게 관심을 가져주었으면 좋겠다', '더 어리광을 부리고 싶다'고 생각한다. 하지만 어머니를 사랑하는 아이는 그런 마음을 말할 수 없다. 진심을 말하는 것은 이기적이고, 그런 말을 하면 자신이 있을 곳이 없어질지도 모른다고 느끼기 때문이다. 있을 곳이 없어지면 앞으로 살아갈 수가 없다. 그런 불안한 마음에 진심을 표현하지 못한 채 자신도 모르게 계속 참고 산다.

이런 아이는 어른이 되어 가족으로부터 독립해 살기 시작해도 자신이 있을 곳을 제대로 만들지 못하고, 대인관계에 늘 어려움을 겪는다. 고민하게 된다. 마음을 터놓을 수 있는 친구도 없고, 왠지 동료들과도 어울리지 못한다. 그러다 보니 늘 고립되어 있다.

어릴 때부터 참는 것이 습관이 된 탓에 '있을 곳을 잃지 않는 것=자신을 억누르고 참는 것'이 되면서 진심을 터놓을 수 있는 관계를 만들지 못할 가능성이 크다.

이렇게 아이는 자신이 속한 가정이나 사회의 규칙밖에 모르기 때문에 그 습관을 당연한 것으로 받아들인다. 그 환경에서의 상식이 규칙이 되고, 상식에서 벗어나면 사회나 가정에서 제외된다고 생각하기 때문이다. 그렇게 참는 것에 익숙해지면 그것이 일상이 된다.

누구에게나 당연한 상식은 없다

그렇다면 과연 '상식'이 그 정도로 절대적인 것일까? 잘 생각해보면 상식은 특정 사회가 정한 것이므로 그 사회에서 밖으로 나가면 상식이 달라질 수도 있다. 여기서는 허용되지 않았던 상식이 다른 사회에서는 허용되기도 한다.

상식이란 오랜 세월에 걸쳐 그 사회를 만들어온 사람들의 경험에서 좋다고 평가한 행동이나 사고방식이다. 따라서 그것이 누구에게나 어느 시대에서나 들어맞는다고는 할 수 없으며, 즉 시대나 장소에 따라 자신에게 맞지 않는 상식이 존재한다.

사회의 상식은 큰 영향력을 지니기 때문에 '상식을 거스르는 사람은 이상한 사람'이라고 생각하기 쉽다. 바꿔 말하면 자신에게 맞지 않는 상식에 자기다움을 억압받을 수 있다는 말이기도 하다.

예를 들면 혼잡한 만원 전철로 매일 출퇴근해야 하는 것, 상사나 동료가 하니, 회사 분위기에 맞춰 같이 야근해야 하는 일 등은 회사원에게는 상식일지도 모르지만, 누구에게나 '당연'한 것은 아니다. 회사에서는 참는 게 당연하고, 참는 것이 상식이며, 참는 게 미덕이라는 생각은 자기다움을 말살할 가능성이 매우 높다.

어딘가에 적응하지 못하거나 인간관계 때문에 힘이 들 때는 자신이 '어디'에서 참고 있는가를 점검해보는 것이 좋다. 그곳의 상식이 '나'의 상식과 맞지 않는 곳일 수 있다. 이는 자기다움을 되찾을 수 있는 기회이기도 하다. 그리고 이제껏 억지로, 무리하게 참고 억눌러온 마음을 버리고, 자기다움을 되찾기 바란다.

어딘가에 적응하지 못하거나
인간관계 때문에 힘이 들 때는
자신이 '어디'에서 참고 있는지 점검해보세요.
지금 있는 그곳, 당신을 힘들게 하는 그곳의 상식이
당신의 상식과 맞지 않는 곳일 수 있습니다.

자기답게
대처하는 힘

나는 상담을 받으러 오는 사람의 고민이나 문제를 들을 때, 고민을 해결해주려 하기보다는 상대방이 정신적으로 건강해지기 위해서 어떻게 해야 할지를 제일 우선으로 생각한다. 본인이 건강을 회복하려면 고민거리를 어떻게 풀어나가야 할지는 스스로 결정해야 할 일이기 때문이다.

건강해진다는 것은 큰소리로 떠들거나, 활발하게 돌아다닌다는 것이 아니다. 주변에서 벌어지는 여러 가지 일에 '자기답게' 대처할 수 있다는 뜻이다.

자기다운 대처란 자신이 싫다고 느끼면 참지 말고, 그것에 어떻게 대처하면 좋을지 파악해서 행동하는 것이다. 어릴 때부터 부모와 자유롭게 대화를 할 수 있었던 사람들은 이런 행동이 몸에 자연스레 배어 있다.

부모와 자유롭게 대화할 수 있기 때문에 부모를 비판하기도 하고 질문도 많이 한다. 다시 말해 부모에 대한 반발심이 생기면 그 마음을 비판을 통해 표현한다. 또 상식에 의문을 제기하고, 그 과정에서 참지 않는 방법을 터득하는 것이다.

이렇듯 자기다움은 부모에 대한 반항이나 비판을 시작으로 해서, '참는 것'과 타협하거나 상식에 적응할 수 있도록 도와준다.

물론 참지 않기 때문에 생기는 갈등도 있다. "엄마 아빠는 아무것도 모르면서!"라고 부모와 언쟁하거나 서로 상처를 주기도 한다. 자기답게 살아가기 위한 시도를 하다 보면 이러한 갈등이나 대립은 어쩔 수 없이 맞닥뜨리게 되어 있다.

부모와 견해가 다른 나, 사회의 상식에 적응하지 못하는 내가 이상한 것이 아니라, 나의 참모습이 나타난 것이다. 각각의 얼굴이 다른 것처럼 각자의 자기다움을 발휘해서 살아가는 것이 서로에게 의미 있는 인내가 아닐까?

참지 않는 것은
다름을 발견하는 일

중학생 때까지만 해도 사람은 '남들과 같은 점'을 찾는다. 같은 느낌이나 같은 생각을 가진 사람이 있으면 안심하고 같이 어울린다.

조금 다른 점이 있어도 신경 쓰지 않고 같은 점을 찾아 상대방에게 맞추려고 노력하고, '나와 같은 생각을 가진 친구가 있다'는 사실에 안도한다.

그러다가 고등학생이 될 무렵부터는 남들과 다른 점을 의식하기 시작한다. 자신을 다른 그룹과 비교하면서 '차이점'을 의식하기 시작한다. 그러면서 차차 '다르다는 것은 잘못된 것이 아니다'라는 사실을 깨닫는다. 개성의 발견이다.

서로 동일하다는 안도감, 그리고 점차 차이를 발견해가는 과정을 거쳐 '모두가 다르다', '개성은 중요하다', '자기다움이란 무엇일까?'라는 생각의 발전을 거치며 정신적으로 점점 더 성숙해진다.

서로 다를 뿐인데 같지 않은 것을 '잘못'이라고 생각하면, 늘 다른 사람에 맞추기 위해 자신을 억누르거나 자신과 다른 개성을 가진 사람을 배척할 우려가 있다. 그 과정에서 안타깝게도 많은 사람이 자기다움을 상실한다. 또 다르게 보이지 않기 위해 자신의 의견도, 감정도 억누르고 참는 방법을 익히게 된다. 그게 안전하다고 생각하면서 말이다.

반대로 다른 점을 깨닫고, 다른 점에 호기심을 가지고 재미있다고 생각하면 융통성 있게 다른 가치관을 받아들일 수 있고 자연스레 대인관계의 폭도 넓어진다.

같은 것에 대한 안도감과 다른 것에 대한 발견 사이에서 균형을 이루었을 때 참지 않고 사는 것이 가능해진다.

인정받기 위한 노력이
오히려 나를 외롭게 한다

어떤 상황에서도 계속 참기만 하면서 남들에게 인정받기 위한 행동만 하다 보면 인간관계는 원만해진다. 언제 어디에서 누구하고 있든지 그 사람의 마음에 들도록 노력하다 보면 그때 그 사람과는 잘 어울릴 수 있다. 그러나 그런 관계는 오래 지속되지 못한다.

무슨 말이든 할 수 있는 친밀한 관계는 때로는 갈등이나 대립을 경험하면서 그것을 해결하고 그 과정에서 서로의 차이를 이해하고, 서로를 받아들이는 관계이며 상대에게 의존하지 않는 관계다.

혼자 있고 싶지 않다는 이유로, 좋은 사람이 되고 싶다는 이유로 상대방에게 맞춰가며 계속 참다 보면, 아이러니하게도 상대방에게 휘둘리는 관계가 되기 때문에 불안과 외로움이 오히려 커진다.

'혼자 있는 것은 초라하다.'

'직장에서 함께 점심을 먹을 사람이 없다는 것은 서글픈 일이다.'

이렇게 믿는 사람들이 있다. 이들은 그럼에도 먼저 스스로 가까이 가거나 약속을 잡는 일도 없고, 늘 기다리기만 한다. 상대방이 다가오기 전에는 관계를 발전시킬 기회가 없다.

남들에게 인정받는 것을 지나치게 의식하면 결국 수동적인 입장을 취하게 되고, 상대방이 나를 챙겨주지 않는 한 가까이 갈 수도, 관계를 만들 수도 없다. 상대방에게 인정받기 위한 노력이 오히려 자신을 외롭게 만드는 것이다.

다른 사람에게 좋은 사람이 되기보다 '나'에게 좋은 사람이 되어주는 노력이 필요한 이유다.

참지 않을 용기

타인에게 인정받기 위한 노력이
오히려 나를 외롭게 합니다.
다른 사람에게 좋은 사람이 되어주기보다는
'나'에게 좋은 사람이 되어주세요.

좌뇌와 우뇌가 조화로울 때
원하는 것을 얻는다

우리는 무언가를 참고 있을 때 '괴롭다', '슬프다'와 같은 부정적인 감정을 지우려고 애쓴다. 그런 감정을 느끼면 힘들기 때문이다. 감정을 억누르고 '열심히 하자', '앞으로 나아가자'라는 투지로 그 상황을 극복하려고 한다.

그때 우리의 뇌는 좌뇌가 우위에서 활동한다. 좌뇌는 기억하거나, 생각하거나, 방법을 찾는 등의 지적인 역할을 하기 때문에 그것이 우위에 서면 감정을 억누르고 그 상황을 극복하는 행동을 취할 수 있다.

그렇게 하면 괴로움이나 슬픔을 숨기고 애써 웃거나, 냉정하게 아무 일도 없었던 것처럼 행동할 수 있다. 거절하고 싶은 야근을 순순히 받아들이고, 만나고 싶은 친구에게 "오늘은 못 만날 것 같아"라고 말한다.

그 행동의 뒷면에는 '상사의 명령이니 어쩔 수 없어', '일을 위해서라면 친구를 잃을 수도 있지'라며 다시 좌뇌를 움직여서 스스로를 설득하려고 한다.

한편 감정을 느끼고 있을 때는 우뇌가 활동한다. 우뇌가 활동하면 희로애락을 비롯한 다양한 감정을 풍부하게 느낄 수 있다. 그러나 지나치게 감정에 휘둘리면 감정적으로 된다.

도저히 못 할 것 같은 일을 부탁받으면 '난 못해, 어쩌지…', '아까 하라고 한 일도 다 못 끝냈는데 대체 어쩌라는 거야!', '그런 무리한 지시를 내리다니 너무해…', '도저히 불가능해!'라는 마음이 든다.

물론 냉정하게 판단해야 할 때는 감정에 치우치지 않도록 할 필요도 있다. 그러나 참기만 하다 보면 좌뇌의 활동만 우세해 우뇌의 활동은 억눌린 채 활동하지 못한다. 생생하고 풍부한 감정을 억누르기 때문에 자신의 뇌를 풀가동하지 못하는 안타까운 상황이 되는 것이다. 인간은 좌뇌와 우뇌의 조화로운 균형을 이루며 지혜를 터득해왔다. 우뇌의 활동을 통해 자기 자신이 원하는 것을 느끼고, 좌뇌의 활동을 통해 원하는

2장 하고 싶은 말을 다 한다고 이기적인 건 아니다

것을 얻는 방법을 터득하고 실행해갈 수 있다.

　지나치게 참고 감정을 억누르며 좌뇌의 활동만을 활발히 한다면, 스스로의 감정에도 무뎌져 결국 자신이 무엇을 원하는지조차 모르는 안타까운 상황에 빠지고 만다.

우리는 2,000개 이상의
감정 표현을 사용한다

인간은 '감정이 풍부한 동물'이다. 동물은 감정이 있기 때문에 살아갈 수 있는데, 인간에게는 생사와 관련되어 있을 뿐아니라, 생활의 풍요로움을 좌우할 정도로 중요한 기능이다.

참는다는 것은 그만큼 중요한 감정을 억누르고 무시하고 있다는 것이기도 하다.

자신의 뇌 활동을 회복하기 위해서는 우선 자연스럽게 생기는 감정을 소중히 하고, 감정이 어떤 역할을 하는가를 살펴보아야 한다.

그러다 보면 감정은 의외로 복잡하고 다양하다는 사실을 알 수 있다. 예를 들면 인간의 감정에는 '즐겁다', '슬프다',

'화난다', '괴롭다', '아프다' 등 아기나 다른 동물도 느끼는 기본적인 것에서부터 '분하다', '한심하다', 부끄럽다' 등 인간관계 속에서 배워가는 것까지 매우 다양하며, 복잡한 감정을 표현한 말도 무수히 많다.

최근 젊은이들 사이에서는 감정을 나타내는 말로 '쩐다', '머쓱타드', '극혐', '노잼' 등 말을 줄이거나 합성해서 사용하는데, 다양한 의미로 해석할 수 있는 감정 표현이다.

'쩐다'라는 말은 비슷한 말로 '오지다'라는 표준어가 있는데, '대단하다', '엄청나다', '맛있다', '멋있다', '못생겼다' 등 긍정적으로도 부정적인 의미로도 사용할 수 있다.

이처럼 너무 포괄적인 언어를 사용하다 보면 세심한 감정을 표현하고 이해하기가 어려워진다.

또한 우리 인간은 하나의 사물에 대해 하나의 감정밖에 느끼지 못하는 것이 아니다. '고맙다'라고 느끼는 한편 '민폐다'라고 느끼기도 하고, 기쁘면서 슬픔도 느끼는 등 상반된 감정을 동시에 느끼기도 한다.

자기 자신이 무의식적으로 느끼는 복잡한 감정을 자각하고 상대방도 이해할 수 있도록 전달하기 위해서는 평소에 뉘앙스가 분명한 말을 사용해서 감정 표현을 해야 한다.

참지 않을 용기

감정 표현을 무디게 하는 이모티콘

요즘에는 카카오톡, 라인 등을 포함한 SNS나 인터넷 커뮤니티에서 자신의 기분이나 상태를 언어가 아닌 이모티콘이나 짤 등으로 전달하는 방법이 인기다. SNS의 커뮤니케이션을 유머러스하게 즐긴다는 의미에서 이 방법은 매우 편리하다.

그러나 이 방법에 지나치게 의존하면 자신의 기분이나 감정을 말로 전달하지 못하고, 점차 자신의 말을 잃어가게 된다. 즉, 표현력이 떨어지는 것이다.

예를 들면 의사소통이 잘못되었거나 오해가 있어서 "미안하다"고 진지하게 사과하고 싶을 때, 귀여운 캐릭터가 고개를 숙여 사과하는 이모티콘을 보내면 과연 그 진심이 제대로 전달이 될까?

또 이메일을 많이 사용하는 커뮤니케이션에서도 주의를 요한다. 언제든, 어디서든 주고받을 수 있는 이메일은 분명 편리하고 인간관계 형성에 도움을 준다. 하지만 자신의 실제 기분, 세심한 감정을 더 잘 표현하는 방법은 표정이나 제스처, 목소리 톤 등이다. 그런 부수적인 것이 우리의 감정을 전하는 데 매우 큰 도움이 된다.

간편한 이모티콘으로 자신의 감정을 전하는 데 익숙해지

다 보면 감정 표현을 잘 못 하게 될 뿐 아니라, 나아가 감정을 전달해야 하는 상황을 피하고 싶어지게 된다. 그리고 점점 더 자신의 감정을 잘라버리게 된다.

자신의 감정을 외면하고 피하다 보면 결국 불편한 상황에서 자신이 느끼는 바를 제대로 표현하지 못해 그저 상대의 요구를 받아들이게 되는 의존적인 사람이 될 수밖에 없다.

지나치게 감정적인 상태가 되지 않고도, 지나치게 진지하지 않더라도 자신의 감정을 충분히 말로 표현할 수 있다는 사실을 명심하자.

참지 않을 용기

시프너스&느마이어, 감정표현불능증

화를 내야 할 상황인데도 분노를 느끼지 못하거나, 슬픈 상황인데도 울지 못하는 사람이 있다. 자신이 느끼는 감정을 잘 표현하지 못하는 사람들, 바로 감정표현불능증이다.

1970년대 초 심리학자 피터 시프너스와 존 느마이어가 정신신체장애 환자들을 연구하며 발견해낸 개념으로, 감정을 인식하거나 이를 표현하는 데 어려움을 느끼는 상태를 말한다.

영어로 'Alexithymia'라 하는데 이는 그리스어로 각각 '말'을 뜻하는 'lexi'와 '마음', '감정'을 의미하는 'thym'이라는 단어에 부정을 뜻하는 'a'를 붙여 '감정을 나타낼 말이 없다' 혹은 '영혼을 표현할 단어가 없다'라는 뜻으로 해석할 수 있다.

시프너스와 느마이어는 정신신체장애 환자들을 지켜보며 감정표현불능증의 네 가지 특징을 발견했다. 첫째, 자신의 감정을 잘 알아차리지 못하고, 신체적 반응으로 나타나는 정서적 각성과 감정을 구별하기 어려워한다. 둘째, 다른 사람에게 자신의 감정을 설명하는 것을 어려워한다. 셋째, 상상 능력이 제한적이고 경직되어 있다. 넷째, 자극에 대한 반응이 외부로 향하여 외적 사건과 자극에 초점 맞추기를 선호하는 특징이 있다.

이러한 감정표현불능증은 감정을 처리하는 과정에 문제가 생겨 자기 자신 혹은 타인을 비난하거나 걱정이 지나치거나 과도하게 최악의 상황을 상상하며 불안해하는 미성숙하고 부적응적인 정서조절양상을 보이며 이로 인한 과도한 스트레스는 가슴이 답답하거나 두통, 불면 등의 신체 증상으로 나타나기도 한다.

시프너스와 느마이어에 의하면 감정표현불능증은 우울증, 중독 등 다양한 심리 질환과 공존하며, 일반인에게서도 관찰되는 성격 특성으로 자신이 느끼는 감정을 인식하거나 표현하지 못하다 보니 공감 능력 또한 떨어져 인간관계에서 많은 어려움을 느끼게 된다.

어린 시절, 감정을 다루기 어렵거나 감정을 온전히 느낄 수 없는 환경, 혹은 감정을 자유롭게 표현하기 어려운 환경에서 자라는 경우 감정표현불능증으로 이어질 위험이 있다. 또한 사회에서 아무리 힘들어도 끊임없이 겉으로 좋은 모습을 보여주려는 노력을 이어가다 보면 결국 의기소침해지거나 식욕부진 등으로 이어져 에너지가 소진될 가능성이 있다고 지적한다.

결국 자신의 감정을 솔직하게 표현하는 연습이 무엇보다 중요하며, 지나

참지 않을 용기

치게 감정을 억누르거나 방치하는 것은 위험하다는 것이다.

또한 앞서 설명했듯이 감정 표현은 정신건강뿐 아니라 신체 건강과도 밀접한 관련이 있으므로 감정을 숨기면 면역체계와 호르몬 분비에 이상을 일으켜 건강에 나쁜 영향을 미친다. 만약 자신의 몸에 이상 신호가 생긴다면 그때야말로 바로 감정을 표출해야 할 때라는 것을 바로 알아차려야 한다.

만약 부정적 감정에 휩싸여 있다면, 그럴 때는 그 감정과 거리를 두는 연습도 중요하다. 감정에 휩쓸려 잘못된 판단을 하는 경우가 많기 때문에 자기 자신과 감정 사이에 거리를 두고 그 부정적인 감정을 떠나보내는 연습을 해야 한다.

마지막으로 무엇보다 자신의 감정을 언어로 잘 표현하는 것이 중요하다. 이를 위해서는 감정을 표현하는 데 불편함이나 불안함을 느끼지 않는 안전하고 지지적인 공간과 상황이 마련되는 것이 중요하며, 감정을 표현했을 때 반드시 부정적인 상황이 뒤따르지 않는다는 정서 경험을 반복적으로 함으로써 감정 표현에 대한 새로운 학습을 쌓아나가는 것이 중요하다.

몸과 마음이 소진되기 전에 이제 감정을 조금씩 알아가고 잘 다루는 연습이 필요한 때다.

참지 않아도
얼마든지
좋은 관계를
맺을 수
있다

How to Stop Swallowing
your Words and Feelings

참지 않아도
원만한 관계가 가능하다

직장이나 친구 관계, 가족 관계 등 다양한 인간관계 속에서 많은 사람이 스트레스를 느끼면서도 그저 참는다. 다른 사람을 배려하는 마음에서 애써 참는다.

　사람은 미숙하게 태어나는 생명체이며, 인간관계 속에서 성장하고 서로 도우면서 살아간다. 당연한 얘기 같지만, 의외로 많은 사람이 이렇게 기본적인 사실을 망각하는 것 같다.

　주변 사람을 소중히 하는 동시에 상식에 얽매이지 않고, 나아가 참지 않으면서 어떻게 인간관계를 형성해갈 수 있을까? 효율과 경쟁이 중시되는 요즘 시대는 모든 것을 '많이, 그리고 빨리' 추진해야 한다. 자연히 인간관계는 두 번째로 밀려

나고, 그것 때문에 점점 업무가 잘 안 풀리고 숨이 막히기도 한다.

이 점을 남보다 빨리 깨달은 사회학, 철학, 그리고 카운슬링 세계에서는 과제 중심으로 이루어진 삶의 방식에 대해 새삼스럽게 의문을 제기하기 시작했다.

'어떻게 인간관계를 맺을 것인가'가 아니라 '원래 사람은 인간관계 속에서 살아간다'라는 기본 자세로 돌아가 '인간관계 속에서 산다는 것은 어떤 것인가'라는 질문을 던지기 시작한 것이다.

인간이 사는 방식을 '관계성'의 시점에서 다시 생각하면, 커뮤니케이션이 중요해진다. 즉 인간은 커뮤니케이션 없이는 살아가지 못하며 커뮤니케이션을 통해 관계를 형성하기 위해서는 무엇보다 서로의 생각을 전달하는 일이 절실히 필요하다.

그러나 늘 참기만 하는 사람은 자신의 의견을 말하거나 반론을 표현하는 일에 익숙하지 않다. 그 결과 초래될 갈등이나 상대로부터 오는 반격이 무서워서 한층 더 익숙하지 않은 것에 대응해야 하는 어려움에 봉착하게 된다.

하지만 어서션(assertion), 즉 '자기표현'이라는 해결책이

참지 않을 용기

있다. 이는 '자신도 상대도 소중히 하는 자기표현'이라는 의미를 지닌 커뮤니케이션 방법으로 더 이상 참지 않고도 모든 관계를 원만히 이어갈 수 있게 해주는 최고의 방법이다.

관계에 필요한
세 가지 자기표현

어서션에서는 커뮤니케이션에 세 가지 유형이 있다고 한다.

① 공격적 자기표현

첫 번째는 자신의 생각이나 부탁할 일을 상대방에게 명령하거나, 강요해서 자기 생각대로 상대를 움직이게 하는 방법, 즉 '공격적 자기표현'이다.

공격적인 자기표현의 특징은 자신의 주장을 관철하기 위해 큰 소리를 내거나 강압적으로 말하고 강요하는 것이다. 친절하고 상냥하게 말해서 상대를 마음대로 움직이려고 하는 조작적인 대화 방식도 이에 포함된다.

남에게 참기를 강요하거나 무리하게 밀어붙이는 사람은 이런 공격적인 자기표현을 할 가능성이 있다.

② 비주장적 자기표현

두 번째는 자신의 생각이나 기분을 말하지 않고, 말하고 싶어도 자신을 억눌러서 결국에는 상대의 말을 듣게 되는 방법, 즉 '비주장적 자기표현'이다.

비주장적 자기표현에서는 상대방의 체면을 세우고, 상대방이 불쾌해지지 않도록 자신의 마음이나 의견을 내세우지 않는다. 그 결과 자신은 단순히 상대방을 치켜세워주고 양보할 의도였는데 상대방은 '동의했다', '불만이 없다'고 받아들인다.

자신을 희생하고 상대방을 우선시하기 때문에 사람들이 의지하기 쉽고, 무리에서 배제되는 일이 없다. 하지만 심리적인 스트레스를 받아 정신건강을 해칠 수 있다.

참는 사람은 비주장적인 사람이 되기 쉽다. 이러한 비주장적인 표현을 하는 사람이 공격적인 표현을 하는 사람과 커뮤니케이션을 하면 강요와 참기의 관계가 형성된다.

공격적인 표현을 하는 사람은 자신의 생각이 쉽게 관철되기 때문에 자신에게는 능력과 권위가 있다고 착각하기 쉽다. 하지만 이는 사실 상대방의 선의나 배려에 의존한 언행이므로 반드시 자립적으로 움직이고 있다고는 할 수 없다. 자신의 주장을 들어주는 상대가 없으면 아무것도 하지 못하는, 이기적인 말만 하는 아이와 다를 바 없다.

공격적인 자기표현이나 비주장적인 자기표현 모두 서로를 소중히 하지 않는 관계를 만들 뿐 아니라 의존성이 높아 자립성을 의심하게 만드는 태도라고 할 수 있다.

③ 어서티브한 자기표현

세 번째는 '어서티브(assertive, 적극적이고 확신에 찬)한 자기표현'이다. '어서션'이란 입장이나 역할을 중요시하면서도 서로를 한 사람의 인간으로 소중히 하는 것이며, 그런 자기표현이 어서티브한 자기표현이다.

어서티브한 자기표현은 참거나, 남이 참게 만들지 않는 의사소통 방식이다. 늘 참는 사람은 상대방을 먼저 생각하고 배려한 후에 자신의 태도를 결정하는 경향이 있다. 그러나 어서션에서는 자신을 먼저 생각한다. 이는 이기적이거나 제멋대로 구는 것이 아니다. 자신의 기분이나 생각을 모르면 아무

080

참지 않을 용기

것도 할 수 없기 때문이다.

자신의 기분이나 생각을 상대방에게 전달하는 것이 자신을 소중히 하는 것이라고 판단했다면, 상대를 소중히 하는 마음을 담아 그것을 정직하고 이해하기 쉽게 표현해보자. 그러면 상대는 당신에게 동의하기도 하고 반대하기도 할 것이다. 그것이 사람과 사람 사이의 자연스러운 교류이며, 상대방이 반대하여 갈등이 생길 때는 서로 조금씩 다가가며 대화를 이어가면 된다.

'상대방의 의견을 거스르면 미움받는다', '건방지다는 평을 듣는다', '그렇게 하면 친구가 안 생긴다', '같이 일하기가 어려워진다'라며 온갖 걱정을 다 하면 상대방이 기분 상하지 않도록 무조건 참고 갈등을 피해 상대에게 맞춰주게 된다. 그러다 보면 무의식중에 자신의 주관을 명확히 세우는 것을 포기하고, 자신을 경시하게 된다. 결국 어서션, 즉 자기표현도 제대로 못해보고, 있는 그대로의 자신을 잃어버리고 만다.

3장 참지 않아도 얼마든지 좋은 관계를 맺을 수 있다

자신의 마음, 원하는 것이 무엇인지 명확히 알아차릴 때
비로소 소중한 것이 무엇인지 깨닫게 됩니다.
그래야만 자신도 상대도 참지 않는
건강한 커뮤니케이션이 가능해지며,
서로 거리를 좁혀 모든 문제를 원만히 해결할 수 있습니다.

참지 않기 위한 포인트 1
먼저 내 마음부터 알아야 한다

어서티브한 자기표현의 첫걸음은 일단 지금 처한 상황을 생각하고 그 상황에 대한 자신의 기분을 있는 그대로 느껴보는 것이다. 그것을 전달할지 말지, 어떻게 표현할지는 나중에 생각한다.

예를 들면 기한까지 절대 할 수 없는 일을 부탁받았을 때 다음과 같은 생각과 기분을 느낄 수 있다.

'지시받은 일이니까 맡아야겠지(하지만 지금은 무리야. 곤란한데…).'

'사정을 말해봤자 야단만 맞겠지(말해봤자 내 기분만 언짢아질 뿐이야. 화만 안 냈으면 좋겠는데 말이야…).'

'거절하면 건방지다고 생각할지도 몰라(하지만 내 상황도 이해해주면 좋겠는데…).'

이처럼 지금 처한 상황이나 상대방에 대해 생각하되, 자신의 상황이나 기분도 점검해보자. 그때 내 안에는 '곤란한데', '화만 안 냈으면 좋겠다', '이해해주면 좋겠다'라는 마음이 있다. 이처럼 양쪽을 파악한 후에 상대방의 입장도 고려해서 '이렇게 말하면 되지 않을까?'라고 전달 방법을 찾아본다.

자신의 솔직한 마음이 무엇인지 명확하게 알았다면 그것을 전달하지 않는 한, 아무것도 변하지 않는다는 사실도 이해했을 것이다. 또한 상대방에 대한 나의 일방적인 생각이 반드시 맞는 것도 아니며, 그 생각이 상대방을 반드시 소중히 하는 일도 아니라는 사실을 깨달았을 것이다. 어서티브한 자기표현은 우선 자신의 마음이나 생각을 파악하려는 노력에서 시작된다.

그러면 이렇게 알게 된 자신의 마음을 어떻게 전달해야 할까? 오랜만에 친구와 저녁 약속을 잡아 슬슬 퇴근하려고 했더니 상사로부터 급한 일을 부탁받은 상황을 예로 들어 설명해보자.

상사 　"내일 회의에서 추가 서류가 필요하네. 자네가 담당했던 안건이니 자네가 만들어주면 좋겠네. 두 시간이면 충분히 만들 수 있을 것 같은데 야근 좀 부탁하네."

부하직원 　(오늘은 곤란한데... 가능하면 거절하고 싶은데... 일단 내 사정을 말해보자.) 어제 낸 서류 말씀이시죠? 실은 오늘 오랜만에 만나는 친구와 저녁 약속이 있어서요."

상사 　"그랬군. 꼭 자네가 해주면 좋겠는데 어떻게 안 되겠나?"

부하직원 　"글쎄요. (내가 거절하면 상사도 곤란해지겠지만, 친구와의 약속을 취소하고 싶지는 않아. 역시 오늘은 약속을 우선시하고, 내일 일찍 출근해서 하겠다고 제안해봐야지.) 정말 오랜만에 만나는 거라서 가능하면 오늘은 정시에 퇴근했으면 합니다. 대신 제가 내일 아침 일찍 나와서 준비해도 되겠습니까?"

상사 　"내일 아침 말인가? 회의가 10시부터니까 좀 일찍 나와서 만들어줄 수 있으면 그래도 괜찮아. 잘 부탁해."

부하직원 　"알겠습니다. 감사합니다."

어떤가. 상사의 사정을 이해하고 그 입장을 존중하면서도 자신의 사정이나 기분을 명확히 알아서 타협안을 제시할 수

3장 참지 않아도 얼마든지 좋은 관계를 맺을 수 있다

있었다.

　자신의 마음부터 소중히 해야 비로소 이런 대화가 가능하다. 또 상사도 부하의 의견을 받아들인 덕분에 문제가 원만히 해결되었다.

　자신의 마음을 명확히 하면 소중한 것이 무엇인지 깨닫게 된다. 그러면 자신도 상대방도 참지 않는 커뮤니케이션이 가능하고 서로 거리를 좁혀서 갈등을 해결할 수 있다.

참지 않기 위한 포인트 2
나의 부족함을 알면 자신감이 생긴다

그러나 현실은 마음대로 되지 않을 때도 있다. 하고 싶은 말이 명확해도 말로 잘 표현하지 못하거나, 말을 꺼내긴 했으나 상대의 의중을 간파하고 말끝을 흐리기도 한다. 또한 명확하게 전달해도 상대방이 어떻게 받아들일지 알 수 없을 때도 많다.

당신이 매번 상대의 이야기를 제대로 이해할 수 없는 것처럼, 상대방에게 나쁜 마음이 없어도 의사소통 과정에서 서로 오해하거나 이야기가 틀어져 의도치 않은 방향으로 흘러가는 경우가 있다. 때로는 자신은 그럴 마음이 없었는데 상대방의 기분을 상하게 하기도 한다.

상대방도 마찬가지일 것이다. 하지만 아무것도 전달하지

못하고 참기만 하는 것과 해봤는데 잘 안 되는 것은 매우 다르다. 후자가 훨씬 건설적이다.

실패를 통해 어디서부터 잘못되었는지 이해하면 현재 상황이 보이기 시작하고, 엇갈림과 오해가 풀릴 때도 있다. '다음에는 이렇게 하자', '일단 대화해보자', '좀 도와달라고 하자' 등 잘못을 만회하는 방법도 보인다. 참는 방법뿐 아니라 그 밖의 대응 방법도 늘어 융통성 있게 행동할 수 있다.

실패를 부끄러워하는 것이 아니라, 그 실패를 다음 단계로 활용해가는 것. 대화하다가 막히는 일이 있어도 그것을 회복하려고 노력하는 것이 어서션이다.

어서션이란 명료하고 이해하기 쉽게, 단판 승부로 대화하는 것이 아니다. 서로를 소중히 하는 대화 속에서 실패를 만회하려고 노력하는 것이다. 사람이란 완벽하지 않아서 실패할 때도 있기 때문이다. "사람에게는 실패할 권리가 있다"라는 말이 있듯이, 신이 아닌 이상 인간에게는 못 하는 것이 있다. 누구나 못 하는 일이 있다는 사실을 전제로 하면 서로에게 친절해질 수 있고 '서로 마찬가지'라는 생각이 든다. 즉 우리의 자신감이란 못 하는 것을 깨달음으로써 생기는 것이다.

자신감이란 '자기신뢰'를 말하며, 자신을 믿을 수 있다는 뜻이다. 이는 무엇이든 할 수 있고, 실패도 하지 않음으로써 얻을 수 있는 것이 아니라, '못 하는 자신'을 깨달음으로써 얻을 수 있는 것이다.

실패해도 만회할 수 있고, 아무리 해도 못 하는 일이 있다는 사실을 알면, 할 수 있는 일은 도맡고, 못 하는 일은 도맡지 않는다. 그것이 자신을 의지하는 것이며, 곧 자기신뢰다. 어서션은 그 위에 성립한다.

마감 때까지 할 수 없는 일을 부탁받았을 때 거절할 수 있는 것도, 자기 현실을 파악하고 자신이 못 하는 것을 아는 일에서 시작된다.

3장 참지 않아도 얼마든지 좋은 관계를 맺을 수 있다

자신감이란 '자기신뢰'를 말하며,
자신을 믿을 수 있다는 뜻입니다.
이는 무엇이든 할 수 있고,
실패도 하지 않음으로써 얻을 수 있는 것이 아니라,
'못 하는 자신'을 깨달음으로써 얻을 수 있는 것입니다.

참지 않기 위한 포인트 3
상식은 사람마다 다를 수 있다

어서티브한 표현을 익히기 위해서는 세상의 상식을 의심해보는 것도 중요하다. 당연하다고들 말하는 상식에 대해 '과연 누구에게나 그럴까?'라고 되짚어보는 것이다.

예를 들면 '등교거부'에 대해 생각해보자.

- 학교에 안 가면 지식을 익힐 수 없다.
- 제대로 교육을 받아야 좋은 직장을 구한다.
- 의무교육을 안 받는 것은 위법이다.
- 등교거부는 바람직하지 않다.

이것은 분명 대부분의 사람이 동의하는 상식이다. 만약 당신이 '의무교육은 필히 받아야 하고, 학교에서 지식을 얻고 학력을 쌓아야 버젓한 직장에 취직할 수 있다'라고 생각했다면 당신의 생각은 많은 사람이 생각하는 상식과 일치했다는 뜻이므로 더할 나위 없이 좋은 일이다. 그러나 상식에서 벗어나서 개인적인 이유로 등교를 거부하는 사람은 어떨까?

- 왕따를 당해서 학교에 못 가게 되었다.
- 공부도 못하고 친구도 없다.
- 그런 자신을 아무도 받아주지 않는다.
- 남들처럼 하지 못하는 나는 구제불능이라는 생각이 든다.

이와 같은 상황이라면 여러분은 어떠한가? 상식에서 벗어나 남들처럼 살지 못하면 누구나 이런 결과를 맞이하게 될까? 여기에는 단순히 좋고 나쁨으로 판단할 수 없는 무언가가 있다.

왕따를 당하고, 안전하지 않은 곳에서 도망가기 위해 학교에 가지 않는 경우도 있다. 공부를 계속하기 위해서는 학원이라는 선택지도 있고 검정고시를 쳐도 된다. 학교가 왕따에 제대로 대응해주지 않을 때는 전학이라는 선택지도 있다.

상식에 근거를 둔 옳고 그름의 판단은 그다음 문제다. 그 사람에게 딱 맞는 결론에 도달하기 위해서는 상식은 일단 제쳐두고, '그 사람이 사는 방법'으로 생각해볼 필요가 있다.

그렇다고 해서 상식이 잘못되었다는 말은 아니다. 상식이란 일반 사람이 가진, 또한 가지고 있어야 하는 사고방식이며, 많은 사람과 공감할 수 있는 대략적인 기준이다. 우리는 상식이 있음으로써 안심하고 살 수 있는 것이다.

그러므로 자신이나 상식 중 어느 쪽인가가 잘못되었다고 생각하는 것이 아니라, 많은 사람에게 해당하는 상식이 어쩌다가 자신에게는 혹은 상대방에게는 해당하지 않았다고 받아들이면서 문제에 어떻게 대처할 것인지를 생각해야 한다.

이는 개성의 문제이기도 하며, 그것이 자기다운 삶의 방식을 만든다.

참지 않기 위한 포인트 4
호기심을 버리지 마라

나다운 내가 되기 위해서는 무엇보다 호기심을 잃지 말아야한다. '그 사람답다'는 것은 무엇에 관심이 있는지, 무엇을 하고 싶은지, 무엇을 소중히 하고, 어떤 방향으로 나아가고자 하는지와 같이 그 사람이 가진 특정한 호기심에 나타나기 때문이다.

예를 들면 어린아이들을 떠올려보라. 아이들은 이래라저래라 너무 간섭하지 말아야 호기심 넘치는 행동을 한다. 물론위험한 짓을 할 수도 있으니 마냥 방치할 수만은 없지만, 호기심에 가득 차 시간 가는 줄도 모르고 무언가에 몰두하는 모습은 에너지로 충만한 인간 본연의 모습일지도 모른다.

어른이 되면서 차차 상황에 따라 뒤로 미루거나, 호기심이 있어도 능력이 미치지 못해 포기하는 등 자제하는 법을 익힌다. 하지만 성장해가는 과정에서 호기심을 버리지 않고, 좋아하는 일을 마음껏 하면서 자라면 사람은 억눌리지 않고 자기답게 살아갈 수 있다.

반대로 '그런 짓은 해서는 안 된다', '그것 말고 이것을 해라'라는 부모의 간섭이 아이의 호기심을 빼앗아가기도 한다. 늘 참기만 하는 사람은 어렸을 때의 호기심을 뭔가 이유가 있어서 지워버렸거나, 억압당했을 가능성이 있다.

그렇다고 한 번 빼앗긴 호기심을 두 번 다시 되돌릴 수 없는 것은 아니다. 처음 있는 일이나 모르는 일에 대한 호기심은 '이게 뭐지?', '이건 어떻게 된 거야?'라고 늘 궁금해하는 데서 시작된다. 다만 그 대상이나 내용은 사람에 따라 다르다. 그 차이점이야말로, 자기다움이며 자기다움의 기반이다.

그렇다면 이제 자신의 호기심을 한번 활성화시켜보자. 기억을 거슬러 올라가 이렇게 자문해보는 것이다.

'난 어렸을 때 무엇을 좋아했었지?'

진로나 장래에 대한 카운슬링을 할 때 사람들에게 '어렸을 때 무엇에 빠져 있었나요?'라고 물어보곤 한다. 누구에게도 구애받지 않고 자유롭게 뛰놀던 시절, 어떤 일에 관심을 가지고 어떤 식으로 놀았는지 물어본다. 그 일이 무슨 일이든 상세하게 설명할 수 있는 일이 있다면, 그리고 떠올렸을 때 기분이 좋아지는 일이 있다면 그것은 마지못해 선택한 것이 아니라, 자기가 좋아서 열중했기 때문이다. 그 일은 원하는 것을 참지 않는, 자기다운 삶의 방식 그 자체였을 것이다.

이처럼 시간 가는 줄 모르고 몰두하고 있었던 일, 자발적으로 계속할 수 있었던 일 속에 호기심, 즉 자기다움의 싹이 숨겨져 있다. 그런 의미에서 좋아했던 놀이뿐 아니라, 즐겨 읽었던 책이나 만화, 즐겨보던 텔레비전 방송 등도 자기다움을 찾을 수 있는 단서가 된다.

거르지 않고 챙겨 보던 드라마에서 감동했던 장면이나 대사 등이 선명하게 인상에 남아 있으면 그것은 자기다움이나 자기 삶의 테마를 상징할 수도 있다.

유감스럽게도 누군가가 자신이 어렸을 때 한 놀이나 열중하던 것을 단순한 놀이나 시간 때우기, 혹은 쓸모없는 짓이라고 깎아내려서, 자기 자신도 잊고 있었던 경우가 대부분이다.

"텔레비전만 보지 말고, 제대로 좀 해라."

"아무리 만화를 좋아해도 만화가가 될 수 있는 것은 아니야."

부모의 이러한 사소한 잔소리가 아이의 호기심, 즉 자기다움을 말살했을 수도 있다.

- 잔소리를 듣고 포기한 일
- 쓸데없는 짓이라고 해서 할 수 없이 그만둔 일
- 오히려 부모가 아닌 다른 사람이 칭찬해줬거나 감탄한 일

이러한 것을 기억 속에서 잘 찾아보는 것도 나를 되찾아, 억눌렸던 내 자아의 근원을 찾는 데 도움이 된다.

3장 참지 않아도 얼마든지 좋은 관계를 맺을 수 있다

자기다움을 발견하고 싶을 때는
누구에게도 구애받지 않고 자유롭게 뛰놀던
어린시절을 한번 떠올려보세요.
어떤 일에 관심을 가지고, 어떤 식으로 놀았는지,
단순한 놀이일지라도 즐겁게 몰두했던 일이 있었다면,
그 안에 자기다움을 찾을 단서가 숨겨져 있을 거예요.

참지 않기 위한 포인트 5
자기 생각이 우러난 말을 하라

우리는 어릴 때부터 부모님이나 선생님 등 주위의 어른들로부터 여러 가지 말을 들으며 자란다. '이렇게 해도 돼', '저건 안 돼' 등 어른들의 가치관에 근거를 둔 말을 듣는 가운데, 무의식적으로 그것을 내면화하고 어느새 자기 자신의 가치관이나 말로 탈바꿈시킨다.

따라서 우리가 가진 생각이나 말은 말하자면, 우리 자신이 나고 자란 곳에서 누군가로부터 물려받거나 빌린 것이다.

하지만 우리는 그런 사실을 깨닫지 못하고 마치 그것이 자기 생각이나 말인 양 표현하는 일이 많지 않은가? 자신에게는 조금 맞지 않다고 느끼는 것도 스스로 생각한 것처럼 믿거나, 답답한 옷을 참고 입고 있는 것처럼 현실의 자신과 빌려온 자신 사이에서 괴로워하기도 한다.

어느 학생과 상담할 때 나눈 대화를 예로 들어보겠다. 그는 앞으로 어떻게 해야 좋을지 모르겠다고 했다.

학생   "저는 아무것도 못 해요. 구제불능 인간이에요. 앞으로 어떻게 살면 좋을지…."

나   "왜 아무것도 못 한다고 생각하는 건가요?"

학생   "전 성적도 좋지 않고, 친구도 많지 않아요. 중학교 때 왕따를 당해서 학교에 안 가기 시작했고, 고등학교 때는 남들 눈에 띄지 않도록 얌전히 수험공부에 집중했었어요. 하지만 더 이상 이런 식으로 얌전히 있는 것만으로는 해결되지 않아요. 앞날이 정말 걱정이에요."

나   "이런 식으로는 해결되지 않는다고 누가 그러던가요?"

학생   "…." (의아해함)

나   "어쩌면 학생이 원래 그렇게 생각하고 있었던 것이 아니라, 누군가가 주지한 것이 아닌가 하는 생각이 들어서요."

학생   "글쎄요. 장래가 걱정이라고 중학교 때부터 계속 부모님이나 선생님에게 들었던가…? 아니, 저 스스로도 그렇게

참지 않을 용기

생각합니다. '대학에 들어가면 어떻게든 되겠지'라는 생각도 들지만, 너무 늦은 것은 아닌가 하는 조바심이 들어요. 대학생활에 기대를 걸었지만, 부모님의 말씀대로 다른 학생들은 훨씬 앞서 나가고 있어서 역시 나는 어렵겠구나…."

나   "부모님이 말하는 것이나 다른 학생들이 하는 것을 못 하면 안 된다고 생각한다, 그래서 불안해지는 것도 무리는 아니지요. 그러나 그것에 전적으로 동의하지 않고, 대학에서는 그것을 만회하고자 하는 자신도 있는 것 아닌가요?"

학생   "그럴 생각이었어요. 괜찮을까요?"

"이렇게 하지 않으면 안 된다", "저렇게 하면 되돌릴 수가 없다", "다른 사람과 같은 일을 못 하면 낙오자가 된다." 이런 말로 불안해지거나 기운이 빠질 때는 내가 학생에게 물어본 것처럼 자기 자신에게 다음과 같이 물어보자.

- '이 사고방식은 어디서 배운 거지?'
- '나는 언제부터 이런 식으로 생각하게 되었지?'
- '이 사고방식에 거부감을 느낀 적은 없었나?'

3장 참지 않아도 얼마든지 좋은 관계를 맺을 수 있다

불안이나 무기력감에 빠졌을 때, 이런 질문을 해보면 자신
이 그 생각에 거부감을 느끼고 있는 사례가 많다는 사실을 알
수 있다. 자신의 목소리나 말이 다른 사람의 말에 지배되어
자신의 말이 줄어든다.

자기 생각에서 우러난 말이 아닌 것 같다는 사실을 깨달았
다면 스스로 납득할 수 있는 표현으로 바꿔보자. 그 말은 현
재의 자신의 본심이나 장래에 대한 말이다. 이런 식이다.

'다른 사람과는 다른 길을 걷고 있는지도 모르지만, 그렇기
때문에 이런 생각을 하게 되었고, 그런 나 자신이 지금 여기
에 있다. 되고 안 되고는 해보지 않으면 모르고, 해볼 가치는
있다.'

자신의 마음을 알 수 없다거나 자신의 말을 찾을 수 없을
때는 일단 말로 표현해보면 자신의 생각이 점점 명확해지기
도 한다. 특히 도저히 남에게 말할 수 없고, 말로 잘 표현할 수
없을 때는 가슴 속에 담고 있는 것을 일기에 적어보자. 이러
지도 저러지도 못 하는 안타까운 심정을 종이 위에 써 내려가
는 거다.

일기를 쓰는 것이 남의 말이나 생각을 '빌리는 것'이 아닌 자신의 말을 찾고, 참거나 억눌리지 않는 자아를 만들어주는 좋은 매개체다.

참고로 카운슬링할 때도 일기를 쓰거나 쓴 것을 읽는 방법을 자주 사용한다. 글을 잘 못 쓰는 사람은 구어체로 쉽게 쓸 수 있는 편지도 상관없다. 편지는 자기 자신에게 써도 되고, 마음을 전하고 싶은 누군가에게 써도 된다. 이를 상대방에게 전달하지는 않더라도 쓰거나 혼자서 읽어보는 것은 참지 않는 습관을 만드는 첫걸음이다.

참지 않기 위한 포인트 6
참느라 미뤄둔 감정도 챙겨라

우리는 어른이 되면서 감정보다 지성을 더 많이 쓴다. 오감을 통해 무언가를 느끼는 것보다, 배우거나 계산하는 능력을 늘리는 것이 좋다고 교육받았기 때문이다.

앞서 말했지만 자신의 기분을 잘 모르거나 자잘한 감정을 파악하지 못하는 것은 지성을 우선시하고 감정을 뒷전으로 한 결과이기도 하다.

어느 기업에서 지적이고 비즈니스에서도 성공을 거둔 고학력자 청중들을 상대로 연수를 했을 때, 내 말에 눈물을 흘리기 시작한 사람이 있었다.

눈물이 났다는 사실에 본인도 놀라고 왜 울었는지 알 수 없다고 말했지만, 아마 내가 했던 어떤 말이 참고 있던 감정의 아킬레스건을 건드렸을 것이다.

감정을 죽이고 참아내는 인생을 살다 보면 편하게 마음을 놓은 순간, 불현듯 눈물이 나곤 한다. 계기가 무엇이든 눈물은 큰 의미를 지니고 있다. 눈물은 슬픔뿐 아니라, 억눌려 있던 여러 감정을 해방시키고, 참고 있었다는 사실을 깨우쳐주고, 스트레스를 쌓아두지 않도록 격려한다.

어른이 되면 불현듯 눈물을 흘릴 기회가 별로 없다. 오히려 참아야 하는 상황이 더 많다. 지나치게 참는 자신을 바꾸려면 부끄러워하지 말고 실컷 울어보자.

남 앞에서 울 수 없다면 음악을 듣고, 영화를 보고, 감동을 많이 받을 것을 추천한다. 노래방에 가서 열창을 하는 등 전신으로 감동해보는 것도 좋다.

음악이나 영화는 오락으로서뿐 아니라, 자신의 감정을 기르고 참지 않는 자신이 되도록 도와준다. 어떤 형태든 그것을 음미하고 즐겨보자.

또 자신의 마음을 정말 모르겠다, 정리가 안 된다, 자유로워지고 싶지만 그렇게 하지 못하겠다 싶을 때는 다른 사람의 힘을 빌려 자기다움을 찾는 것도 큰 도움이 된다. 마음을 허

락한 친구, 이야기를 잘 들어주는 사람, 혹은 전문 카운슬러와 대화하면서 억눌려 있던 마음과 자기다움을 끌어내는 것이다.

이야기를 차분히 들어주는 사람이 있을 때는 자신이 어떤 말을 쓰는지, 정리된 말하기를 하는지 등에 구애받지 않는다. 일기나 편지에 쓰듯이 밖으로 표출해보면, 자신의 생각이 명확해진다.

누군가에게 말하는 행위는 자신의 내면을 파악해서 정리하는 데도 큰 도움이 된다. 카운슬링은 고민이나 문제를 해결하기 위해서뿐 아니라, 말로 자신을 이해하고, 확인하고, 자기다움을 발견해서 그 자신과 잘 교제할 수 있도록 하기 위한 지혜이기도 하다.

참지 않을 용기

호손효과, 감정을 표출해야
업무 효율성이 높아진다

하버드대학 심리학자 엘튼 메이요 교수팀은 1924년~1934년까지 미국 서부의 전기 회사인 호손 웍스 공장 근로자들을 대상으로 생산성에 관한 실험을 했다. 연구의 목적은 작업 환경을 비롯한 외부 요인을 개선했을 때 생산성을 얼마나 높일 수 있는지를 알아보고자 함이었다.

처음에는 6명의 근로자를 대상으로 실험을 했다. 7단계에 걸쳐 실험을 진행하면서 임금, 휴식시간, 조명 등 외부 조건들을 계속해서 바꾸고, 이러한 외부 조건의 변화가 생산성에 얼마나 영향을 미치는지를 관찰했다. 그러나 실험 결과 외부 요인의 변화에도 불구하고 생산성에는 유의미한 차이가 거의 없었다.

메이요 교수팀은 다음 실험에서는 2년간 2만 명 넘는 근로자들과의 면담을 진행했다. 이 과정에서 그들은 그동안 하고 싶었던 말, 일하며 쌓인 부정적 감정들을 마음껏 털어놓았다. 그리고 놀랍게도 면담을 진행할수록 호손 공장의 생산성은 점점 높아졌다.

면담을 통해 감정 표출, 특히 부정적인 감정을 표현할 수 있게 한 것이 그동안 일하며 쌓인 스트레스를 해소할 수 있게 도와준 것이다. 그리고 그 결과 자연스레 생산성 향상으로까지 이어졌다. 오랜 시간 동안 공장에서 일하면서 회사나 근무 환경에 대한 불만이 쌓여가지만 털어놓을 곳이 없던 사람들이 면담을 통해 그동안의 불만을 모두 쏟아내고 한결 가벼워진 마음으로 열심히 일할 수 있었던 것이다.

이 실험 결과는 이후 1958년 사회학자 헨리 랜즈버거에 의해 '호손 효과'라고 불리게 되었다.

또한 메이요 교수팀은 또 한 가지 사실을 발견했다. 면담과정에서 부정하거나 비난하지 않고 그들의 이야기를 경청한 것이 실험 참여자들로 하여금 자신이 관심을 받고 있음을 느끼게 해주었고, 스스로 그 관심에 보답하고자 두 배로 열심히 일한 것이다. 다른 사람의 주목이 업무 효율성의 향상으로 이어진 것이다.

이 실험은 조직 내에서 외부적 요인이 아닌 심리적 요인이 생산성을 높이는 데 매우 중요한 영향을 끼친다는 것을 증명한다. 또한 각각의 근로자들이 인간적인 대우를 받는다고 느끼고 만족감을 느낄 때 스스로 생산성을 향상시키려는 의욕을 갖는다는 것을 보여준 실험이다.

살다 보면 자기 자신이 원하는 대로 모든 일이 풀리는 경우는 드물다. 그

순간 우리는 분노, 짜증, 슬픔, 억울함 등의 감정이 생기는데 그 감정을 표출하지 못하고 애써 억누른 채 외면하고 사는 것보다 어떤 방식으로든 최대한 감정을 표출하는 게 모든 면에서 훨씬 도움이 된다는 점을 일깨워주는 실험이다. 이처럼 감정을 표현하는 것은 심리적 건강, 나아가 인간관계와 사회생활을 건강하게 만드는 효과적인 방법이다.

하고 싶은 말
하면서도
상처 주지
않는 법

**How to Stop Swallowing
your Words and Feelings**

'일단 말해보는 것'에서
시작하자

참기만 하는 사람들 대부분은 본인이 하고 싶은 말보다 상대방의 반응에 더 신경 쓴다.

'나는 사실 이렇게 말하고 싶어. 하지만 그 말을 하면 상대방이 받아줄까?'

'괜히 싫다고 했다가 기분이 상해서 화를 낼지도 몰라. 그럴 바에는 차라리 말하지 않는 편이 낫지 않을까?'

마음속에서 이런 식의 갈등이 일어날 때가 많다. 즉 '그가 나와 의견이 다르면 기분이 안 좋을 거야', '그 사람 마음대로 되지 않아서 화내는 게 당연해', '그러니 내 본심을 말하면 나도 기분이 나빠질 거야'라고 믿고 있지 않은가?

자신의 생각을 전할 때, 속으로는 내가 원하는 반응을 해주었으면 하는 마음이 있지만, 그렇게 되지 않으면 서로가 기분이 언짢아질 것 같아 아예 자기주장을 하지 않는다.

누구나 기대했던 대로 일이 전개되고, 생각대로 되기를 바란다. 그래서 예상 밖의 일이 벌어지면 실망하거나 당황하고 안절부절못한다.

그 이유는 '생각대로 되지 않았을 때 화가 나는 것은 당연한 일이며, 화가 나는 것은 상대방의 언행 때문이다'라고 착각하기 때문이다. 불화의 대부분은 이런 착각으로 인해 서로에게 화를 발산하기 때문에 일어난다.

그렇다면 뜻대로 되지 않는 상황이 발생했을 때 누구나 같은 반응을 보일까? 결코 그렇지 않다. 참지도 않고 화내지도 않는 사람도 많다. 왜냐하면 누구나 생각과 의견이 다르기 때문이다. 사물을 보는 방식이나 의견이 다르면 이견이나 갈등이 생기는 것도 당연하다.

상대방과 의견이 일치하지 않을 때는 '생각하는 대로 되지 않으면 상대방이 화를 내서 기분이 나쁠 것이다'라고 생각하지 말고, 대신 이렇게 생각해보자.

'누구나 다 같은 생각을 하는 것은 아니다.'

참지 않을 용기

'생각이 다른 일도 얼마든지 있을 수 있다.'

상대의 반응을 지레짐작해서 괜히 망설이지 말고, 생각하는 것을 솔직히 전하자. 그러고 나서 서로에게 맞추려 하다 보면 커뮤니케이션도 원활해진다.

이처럼 '~해야 한다', '~할 것이다', '~가 당연하다'라는 착각은 스스로를 억누르고 괴롭히고 있는 요소이기도 하다. 커뮤니케이션은 서로에게 '말해보다', 즉 '일단 말해서 서로 그 경과를 지켜본다'는 자세에서 시작한다.

의사소통은
거래가아니다

자기 자신도 상대방도 소중히 여긴다.

이것이 어서션의 기본이다. 그런데 '자신도 상대방도 소중히'라고 설명하면, 비즈니스 세계에서는 어서션을 '윈윈 (Win-Win) 관계'라고 받아들이는 사람이 있다.

윈윈이란 '상대방도 나도 승리한다', '쌍방이 이익을 얻는다'라는 뜻이므로, 어서션을 곧 윈윈이라고 여기는 것이다. 하지만 윈윈과 어서션은 본질적으로 다르다. 즉 어서션에서는 이기고 지는, 즉 '윈 루즈(Win lose, 한쪽이 승리하면 다른 쪽은 많은 것을 잃는 것)'라는 사고방식의 개념 자체가 아예 없기

참지 않을 용기

때문이다.

비즈니스 현장에서는 쌍방이 만족하는 거래를 원한다. 그래서 원원의 관계를 만들기 위해 서로가 이길 수 있도록 노력한다. 즉 원하는 성과를 얻는 것과 동시에 상대방도 기분 좋게 만드는 것이다. 이를 위해 상대방에게 아첨을 떨거나 눈속임으로 상대방을 소중히 한 것처럼 꾸밀 때도 있다.

이는 지극히 계산에 바탕을 둔 커뮤니케이션이지, 상대방을 소중히 하는 관계는 아니다. 원원, 즉 '이긴다'는 것에 초점을 두면 눈앞의 과제를 어떻게 할지를 우선시해서 상대방을 소중히 하고 존중하는 마음은 어딘가로 날아가버린다. 그 결과 상대방을 소중히 하려고 했던 것이 오히려 상대방으로 하여금 참게 만드는 결과를 초래할 수도 있다.

커뮤니케이션은 비즈니스든 아니든 거래를 우선시하는 것이 아니라, 관계를 형성하고, 지속하며, 서로 도와주기 위한 것이다.

인간관계를 기초로 어서티브하게 서로의 사정을 전달해야 한다. 그리고 상호 간에 더 나은 방향을 찾아 힘을 모은다. 그것은 이기고 지는 문제가 아니라 서로 좋은 길을 찾는 커뮤니케이션의 기본이다.

참지 않는 어서티브한 커뮤니케이션은 '지난번에는 내가 양보했으니, 이번에는 당신이 양보할 차례'라는 식으로 거래를 하는 것이 아니라, 늘 양쪽 다 소중하다는 자세로 임하는 것이다.

'하지 말았으면 하는 마음'을
전달하는 방법

뜻하지 않은 일이나 불쾌한 일을 당했을 때, 혹은 그런 말을 들었을 때 그냥 참고 그 자리를 회피하려는 사람이 있다. '쓸데없는 말을 해서 오해받고 싶지 않아', '무시당하거나 공격당할까 봐 두려워'라고 생각할지 모르지만, 잠자코 있으면 당신의 그런 마음은 전달되지 않는다.

"그렇게 하지 않았으면 좋겠어."

"나는 그렇게 말하는 게 싫으니까 앞으로 좀 조심해주지 않을래?"

말로 표현해야 오해나 무시를 받는 일을 줄일 수 있고, 잘못한 일이 있으면 사과를 하거나 사과를 받을 수도 있다. 자신의 마음을 전하지 않으면 상대방은 '이걸로 된 것 같군', '불만은 없는 모양이네'라고 해석하기 때문에 상호 간에 평등한 관계가 형성되지 않는다.

커뮤니케이션은 단순히 말을 주고받는 것이 아니라, 상대방에게 자신을 이해시키기 위한 수단이기도 하다. 그를 위해서는 대화하거나 무언가를 함께할 때 스스로를 열어 보여주어야 한다. 자신의 뜻을 전달하지 않고는 커뮤니케이션은 성립되지 않고 앞으로 나아갈 수 없다.

유창하게 혹은 달변으로 나 자신을 전달하지 않아도 된다. 쭈뼛쭈뼛, 어색하지만 조금씩 자신을 전달하면서 서로의 거리를 좁혀나가는 것도 있는 그대로를 소중히 하는 어서션이다.

갑자기 "NO"라고 말하지 않는다

상대방이 해주었으면 하는 것을 전달하는 것과 마찬가지로 내가 못 하는 것은 못 한다고, 성심껏 전달하는 것도 중요하다.

앞에서 야근을 못 한다는 메시지를 전달하는 사례를 들었는데, 이때 주의해야 할 점이 있다. 그것은 그 자리에서 바로 "오늘은 안 돼요", "무리예요"라고 거절하지 않는 것이다.

의견을 전달하는 것이 중요하다고는 하지만 단번에 "NO!"

참지 않을 용기

라는 말을 들으면 상대방은 당황하고 무시당한 느낌이 들 수 있다. 일방적이고 공격적으로도 들린다.

서로의 입장을 지키고 존중하려면, 갑자기 "NO!"라고 말하지 말고, 자신과 상대방의 절실함을 파악하면서 전달한다. 절대 불가능하다는 것이 명확하다면 상황을 기탄없이 전달하고, 정중히 거절하자.

만일 그 자리에서 제대로 판단할 수 없을 때는 "한번 생각해보겠습니다"라고 답변한다. 그런 말을 들으면 상대방은 거절당했을 때 마음의 준비를 할 수 있어서, 나중에 "못 한다"는 말을 들어도 갑자기 "NO!"라는 말을 듣는 것보다 훨씬 충격이 덜하다.

누군가가 나에게 부탁한 것을 거절하면 갈등이 일어날 수 있다. 그런데 그것을 피하려고 아무 말 없이 수락하거나 단번에 거절한다. 이는 앞서 설명한 비주장적 자기표현과 공격적 자기표현의 전형적인 예다.

4장 하고 싶은 말 하면서도 상처 주지 않는 법

의견은 언제든지
바뀔 수 있음을 인정하라

'한 번 말한 의견을 번복해서는 안 된다', '의견을 바꾸는 것은 무책임한 행위다'라고 생각하면 어서션이 성립되지 않는다.

사정이 생기거나 시간이 지남에 따라 사람의 생각과 마음은 얼마든지 변할 수 있다. 어쩌면 커뮤니케이션할 때마다 서로의 기분이나 생각에 영향을 주면서 변하기도 하고 변하지 않기도 한다.

그럴 때는 "생각을 바꿨습니다", "이렇게 하겠습니다"라고 표현하는 것도 효과적인 자기표현의 한 방법이다. 특히 회의할 때는 이러한 표현은 진행을 원활히 하는 데 도움이 된다.

생각이 바뀌었는데도 불구하고 아무런 말을 하지 않거나,

참지 않을 용기

예전의 생각을 고집하면 자신도 상대방도 소중히 여기는 것이 아니다.

우리는 자신을 소중히 하고 자신의 일에 대해 최종적으로 결단을 내릴 권리를 가지고 있다. 자신이 어떻게 생각하고, 어떻게 행동할지를 결정하는 것도, 또한 그 결과에 책임을 지는 것도 어느 누구도 아닌 자신이다.

자신의 변화를 상대방 탓으로 돌리거나 '(나를) 바뀌게 했다'고 상대방을 원망한다면, 스스로 결정한 일을 남 탓으로 돌리는 공격적인 태도가 아닐 수 없다.

의견이나 마음은 바뀐다. 그리고 바뀌어도 된다. 다만 바뀌었을 때는 상대방에게 잘 전달하자.

그것은 스스로 상황에 맞게 더 나은 선택을 하는 것이며 협력하는 과정을 만들어내는 일이기도 하다.

말로 표현하면
억눌렀던 감정이 드러난다

표현하지 않으면 아무도 모른다. 이것도 어서션 커뮤니케이션이 지닌 큰 특징이다. 우선 자신의 감정을 파악하기 위해서는 잠자코 느끼는 데 그치지 말고 말로 표현해본다.

감정은 말로 하기 어려울 때도 있기 때문에 좀처럼 잘 표현할 수 없다는 딜레마도 있지만, 그래도 평상시의 커뮤니케이션 속에서 자신의 감정의 움직임을 적극적으로 파악하는 것이 중요하다.

구체적인 예를 한번 들어보자. 어떤 남성이 여성에게 영화를 보러 가자고 청했다. 호감을 가지고 있는 상대이기 때문에 두근두근 살짝 들뜬 기분이었다. 영화를 본 후, 함께 식사를 하게 되었다.

남성 "아, 배고파. 난 햄버거를 먹고 싶은데."

여성 "햄버거라면 여기서 10분 정도 걸어가면 먹을 데 있어요."

남성 "이 근처에서 먹어도 돼. 햄버거 가게는 어디든 있으니까."

여성 "유명한 맛집인데…."

남성 "햄버거가 거기서 거기지 뭐. 배도 고프고, 그냥 가까운
데로 가자."

여성 "…알았어요."

여성은 왠지 우울해졌다. 모처럼의 데이트를 즐기지 못하
고 귀가했다. 그다음 날 친구와 데이트가 어땠는지 이야기를
나누었다.

친구 "어제 데이트, 어땠어? 재미있었어?"

여성 "그럭저럭 재미있었어."

친구 "그럭저럭? 그럼, 다음 데이트 약속도 했어?"

여성 "아니…. 안 했어."

친구 "왜? 싸우기라도 한 거야?"

여성　"아니, 그런 건 아니고."

친구　"왜? 대화가 재미없었어?"

여성　"아니, 분위기는 괜찮았어. 말을 잘하더라고. 그런데 또 만나고 싶지는 않아."

친구　"왜 그러는데?"

그래서 여성은 친구에게 기분이 우울해진 경위를 이야기해주었다. 여성은 햄버거를 먹고 싶다고 해서 맛집이 있다고 했지만, 거의 강압적으로 "근처에서 먹자"고 해서 조금 화가 났다고 했다. 화낼 정도의 일은 아닌 줄은 알고 있지만 자신의 의견을 무시당한 듯한 기분이었고, 좀 속상한 마음이었다고. 또 그런 것을 일일이 신경 쓰는 자신에게도 화가 난다고 말했다.

이처럼 누구에게나 일어날 수 있는 사소한 사건 속에도 여러 가지 감정이 생겨나고 머릿속에서 빙글빙글 돈다. 누군가에게 마음을 털어놓지 않으면 '그 남자 짜증 나'로 끝났을지도 모르지만, 이렇게 이야기하고 보니 '화가 났다', '기분 나쁘다', '유감이다', '속상하다', '안절부절못한다' 등 다양한 감정을 느꼈지만 참고 감정을 억제하고 있었다는 사실을 깨달을 수 있다.

　살다 보면 모순되기도 하고, 이러지도 저러지도 못하는 상황이 벌어지기도 한다. 이처럼 인간의 감정은 이해하기 어렵고 매우 복잡하다. 확실하게 파악하기 어려울 수도 있지만, 감정을 말로 표현해보면 자신의 상태를 더 자세하게 알 수 있다.

'화' 뒤에
숨은 감정을 찾아라

'즐겁다', '기쁘다' 등 긍정적인 감정을 말로 표현하는 일은 비교적 쉽다. 누구든지 유쾌함을 느끼는 것은 싫지 않기 때문이다.

반대로 '안절부절못한다', '짜증 난다', '화난다'와 같은 부정적인 감정은 경험하고 싶지 않고 떠올리고 싶지도 않다. 특히 격한 분노를 느꼈을 때는 마음이 폭발해서 감정을 잘 느낄 여유가 없을지도 모른다.

그때 잠시 멈춰 서서 분노에 대해 정리해보자. 당신이 분노를 느꼈을 때를 떠올리고 그 전후에 다른 기분은 느끼지 않았는지 되짚어보기 바란다. 예를 들면 다음과 같다.

- 버스를 놓칠 것 같아서 서둘러주었으면 하는데, 파트너가 느릿느릿 준비하고 있다. "서둘러! 몇 번을 말해야 알겠어?"라고 화낸다.
- 부하직원에게 야근을 시켰더니 "무리예요"라고 냉큼 거절했다. '상사의 지시를 거스르다니 시건방진!' 하고 분노를 느낀다.

이처럼 화가 났을 때는 그 직전에 뭔가 싫은 일이나 경험하고 싶지 않은 일이 있었고, 화내기 직전에는 '곤란하다', '낭패인데'라는 감정을 느낀다.

- '서둘러주었으면 한다'
⇨ '그래도 꾸물거린다'
⇨ '버스를 못 타면 곤란하다'
⇨ '나를 곤란하게 만들고 있는 당신이 괘씸해!'

- '야근해주었으면 한다'
⇨ '거절당해서 곤란하다'
⇨ '표현도 마음에 들지 않는다'

4장 하고 싶은 말 하면서도 상처 주지 않는 법

이런 식으로 분노를 폭발시킨다. 안절부절못하거나 짜증이 날 때도 마찬가지다. 일이 예정대로 진행되지 않아 안절부절못하는 것은 일이 잘 풀리지 않는 상황이라서 곤란하기 때문이다. 듣고 싶지 않은 말을 들어서 곤란할 때 울컥한 마음이 든다.

이처럼 분노하기 전에 뭔가 곤란한 마음이 들었다면 그것을 상대에게 전달한다. 그렇게 하면 상대방은 도망가거나 공격하지 않고, 곤란에 처한 당신을 배려해줄 가능성이 높지 않을까?

세미나를 진행하며 참가자들에게 "화내기 전에 어떤 기분이 들었습니까?"라고 물으면 '곤란했다', '슬펐다', '억울했다', '부끄러웠다'와 같은 다양한 심정이었다고 한다.

분노 직전에는 다른 감정이 존재했기 때문에 그 감정이 들게 한 상대방이 괘씸하다고 화를 낸다. 이는 결론적으로 자신이 일으킨 감정을 상대의 책임으로 돌려 화를 내는 것이나 다름없는 일이다.

부정적인 감정을 느꼈을 때는 그 기분을 되돌아보고 그 뒤

에 있는 또 하나의 감정을 찾아내면 기분이 정리되어 표현하
기 쉬워진다.

분노란 나를 지키는
중요한 감정이다

한편 분노에는 그전에 느낀 감정에 대한 반응이 아닌 것도 있다. 즉 싫은 일이 계속되고 마냥 참기만 한 나머지 '곤란하다'는 감정이 쌓여 있을 때나, '곤란한 정도'를 넘어 위험이나 위협을 만났을 때다. 이럴 때의 분노는 그야말로 분노 그 자체다.

자신의 신상이 위험할 정도의 위기를 만나면 사람은 화를 내고 상대방을 공격해서 자신을 지키든지, 그렇게 하지 못할 때는 도망치는 길을 선택한다. 즉 싸우거나 도망간다.

그것은 더 이상 자신에게 피해가 미치는 것을 막으려는 무의식적인 자기방어이며 최대한의 표현이다.

분노는 좋지 않은 것, 부정적인 것이 아니라, 오히려 자신을 지키기 위한 중요한 감정이며, 분노가 존재하기에 인류는 계속해서 생존할 수 있었다.

하지만 지나치게 참거나, 자신의 위기를 전달하지 않다 보면 어느 순간 격노하거나, 이성을 잃고, 심지어는 폭력을 휘두르는 방법을 선택할 수도 있다. 말하자면 '분노'라는 감정은 서로를 지키기 위한 양날의 검이다.

따라서 분노의 감정은 최대한 빨리 알아차리는 것이 중요하다. '화가 나 있는 나'는 즉 '신변의 위험을 느끼고 있는 나', '참을 것 같은 나'라는 사실을 제대로 받아들여야 한다. '이건 좀 위험한 상태야…'라고 말이다.

분노 직전의 '위험한 느낌'을 감지하면, 격노하거나 이성을 잃지 않고 화내기 전의 감정이나 분노도 표현할 수 있다.

분노는 가급적 조용히 표현한다

그렇다면 분노하거나 이성을 잃지 말고 화가 났다는 것을 표현하려면 구체적으로 어떻게 해야 할까? 그냥 "저 지금 화났어요", "화내고 있는 거예요"라고 조용히 말하라.

분노의 감정을 전달하라고 하면 상대방을 비난하거나 기분 나쁜 태도를 보이는 것이라고 오해하기 쉽다. 불손한 미소

4장 하고 싶은 말 하면서도 상처 주지 않는 법

를 띠거나, 비아냥거리기도 하고, 심지어는 공격적인 행동을 하는 이미지를 떠올리기도 한다.

하지만 분노를 표현하는 데 반드시 공격적이어야 할 필요는 없다. '싫은 느낌', '위험할지도 몰라'라는 느낌을 조용히 온화하게 전달하는 것만으로 충분하다.

만일 분노를 전달하는 것이 상대를 소중히 하는 것이 아니라고 생각하는 사람이 있다면 이렇게 생각해보자.

본심을 감추고 표면적으로만 상냥하게 하는 것보다는 '이럴 때 저는 위험해지는 사람입니다', '저는 그것을 참을 수 없습니다'라며 자신을 드러내는 것이 서로의 관계를 건강하게 유지해주는 방법이다.

참지 않을 용기

[센시오
2020
도서목록]

센시오 주소 서울특별시 마포구 성암로 189 중소기업DMC타워 1711호 **전화** 02-734-0981 **팩스** 02-333-0081

리더가 일 잘하는 건 쓸모없고, 일 잘 맡기는 것이 중요하다

일 잘하는 리더 VS 일 잘 맡기는 리더, 누가 더 연봉이 높을까?

일을 잘 맡긴다는 것

아사노 스스무 지음 | 김정환 옮김 | 16,000원

일을 잘하는 리더, 일을 잘 맡기는 리더가 있다. 당신은 어떤 리더인가? 저자는 20년간 매년 1,000명이 넘는 리더들을 코칭한 조직 매니지먼트 전문가다. 맡길 직원이 없는 게 아니라 일을 맡기지 못하는 리더가 있을 뿐이라고 일침을 가한다. 리더가 일을 잘 맡기지 못하는 이유, 일을 맡기는 5단계 원칙, 부하직원별 일 맡기는 법을 소개한다.

1시간 후, 내 삶이 끝난다면
나는 무엇을 가장 후회하고 그리워하게 될까?

삶의 끝에서 비로소 깨닫게 되는 것들

정재영 지음 | 16,000원

죽음의 문턱에 선 이들의 이야기는 늘 인생에서 무엇이 가장 소중한지 깨닫게 한다. 불안과 절망, 미움, 두려움은 '오래 살겠지' 하는 착각에서 생긴다. 톨스토이의 말처럼, 30분 후에 죽는다고 생각하면 우리는 당장 다툼과 비난을 멈출 것이다. 자신을 삶의 끝에 세워보자. '내게 가장 소중한 것은 뭘까?'라는 난해한 질문의 답을 구하게 될 것이다.

문과 바보는 세상이 숫자로
움직인다는 걸 모른다

수학은 어떻게 무기가 되는가

다카하시 요이치 지음 | 김정환 옮김 | 15,000원

세상을 숫자로 바라보는 수학적 사고가 삶의 강력한 무기가 된다고 주장하는 책이다. 저자는 세상이 왜 숫자로 돌아가고 있는지, 그러한 세상을 어떻게 숫자로 바라볼 수 있는지를 이야기한다. 내 순자산 숫자가 뭘 의미하는지, '올해 경제성장률 −1%' 같은 숫자가 내 삶에 어떤 영향을 미치는지 질문해보자. 간단한 산수면 충분하다.

출간 즉시 베스트셀러, 50부터는 완전히 다른
인생관을 가지고 그전과는 다른 삶을 살아야 한다!

50부터는 인생관을 바꿔야 산다

사이토 다카시 지음 | 황혜숙 옮김 | 14,500원

50대에는 몸과 마음, 사회적 지위와 관계 등에서
인생의 큰 변화가 발생한다. 저자는 이런 밀려오
는 인생의 큰 변화 앞에서 이제 인생관을 몽땅 바
꾸라고 조언한다. 더 이상 큰 꿈도 갖지 말고 폭넓
은 관계도 유지하지 말고 자존심도 다 버리라고
말한다. 또한 고독한 삶을 살 준비를 하고 오직 자
신의 행복과 재미를 위해 살라고 말한다.

성공은 재능이 아니라
버티는 힘에 달려 있다

한 번이라도 끝까지
버텨본 적 있는가

웨이슈잉 지음 | 하진이 옮김 | 14,500원

해내는 사람과 그렇지 못한 사람의 차이는 버티
는 힘, 즉 정직한 노력과 포기하지 않는 마음에서
나온다. 버티는 힘이 비단 거창한 성공이나 위대
한 성취에만 해당하는 게 아니다. 일상에서 일어
나는 작고 소소한 행복을 얻기 위해서도 최소한
의 버티는 힘은 반드시 필요하다.

분노는 부정적인 것이 아니라,
오히려 자신을 지키기 위한 중요한 감정입니다.
분노를 느끼고, 분노를 표현하세요.
분노가 존재하기에 인류는 계속해서 생존할 수 있습니다.

상대방의 분노를
받아들이려면

앞서 사고방식이나 의견의 불일치는 얼마든지 있을 수 있는 일이며 사람은 생각대로 움직이는 것이 아니라고 설명했다. 그럼에도 자신의 생각대로 되지 않는 상대방에게 화가 나는 사람이 있다. 어서티브하게 전달해도 '반항적이다', '건방지다'라며 화를 낸다.

그럴 때 '내가 상대방을 화나게 만들었다'라고만 생각하지 않는 것이 핵심이다. 분노의 감정은 누군가에 의해 일어나는 것이 아니라, 무언가를 계기로 본인이 일으키는 것이므로 화를 낸 것에 대한 책임은 분노한 그 사람 자신에게 있다.

'상대방 때문에 화난 것이므로 상대방에게 책임이 있다'고 생각하기 쉽지만, 같은 상황이 벌어져도 누구나 같은 반응이나 감정을 표현하지 않는다는 사실을 돌이켜보면, 감정은 그 자리에서 본인 스스로 느끼는 것이다.

다만 화낸 본인에게 책임이 있다고는 해도 쌍방의 대화 속에서 감정이 생겨난 것도 사실이므로 화를 내는 상대를 냉정하게 밀쳐내도 된다는 뜻은 아니다.

곤란하다고 말하지 않아도 그런 느낌을 갖고 있거나 분노를 느끼는 것이므로, 원인이야 어찌되었든 상대방이 곤란한 상황에 있다는 사실을 우선 받아들이자.

상대방의 화가 수그러들도록 말을 걸거나, 무언가 행동을 취하는 등 최대한 배려한다. 자신의 탓이라고 두려워하거나, 상대방의 분노를 자신에게 전가해서 화내지 말고, '상대방에게 분노가 일어났다', '무언가 위기를 느꼈나 보다'라고 받아들이고, 상대를 배려하고 위로하는 마음을 가져야 한다.

상대방을 탓하지 않고, 자신도 탓하지 않는다. 불쾌한 느낌이 일어났을 때는 그 상황에서 자신이 할 수 있는 범위에서 최대한 회복하려고 노력하는 것도 어서선이다.

질투는
부러움의 뒷모습이다

분노 외에도 누구나 대처하기 힘든 감정이 있다. 그중 하나가 '질투'다. 질투는 원래는 '부럽다'는 감정에서 출발한다. '좋겠다', '나도 그렇게 되고 싶다'라고 느끼는 매우 인간적인 감정이기도 하다. '부럽다'는 감정은 주변 사람의 좋은 모습, 잘된 모습을 보며 부러운 동시에 그 감정이 동력이 되어 스스로를 발전시켜가는 긍정적인 효과로 작용하기도 한다.

또한 상황을 솔직하고 단순하게 보는 사람은 부럽다는 감정이 질투로 발전하지 않는다. '잘됐네', '훌륭해'라는 칭찬 한마디로 끝난다. 하지만 생각이 많거나, 주변의 상황에 잘 휘둘리는 사람은 질투로 발전하고, 곧 부정적인 감정으로 발전한다.

- '좋겠다'
⇨ '하지만 나는 그렇게 될 것 같지 않아'
⇨ '남들에게 인기는 얻을 수 없어'
⇨ '상대방에게 인기를 빼앗기기 싫다'
⇨ '분하다'

- '부럽다'
⇨ '하지만 이기지 않으면 사람들은 주목해주지 않아'
⇨ '주목받지 못하는 나는 형편없는 사람이야'
⇨ '어떻게 하면 좋을까?'
⇨ '화가 난다'

이처럼 기분이나 생각을 부풀려서 '부럽다'는 단순한 감정
에 악의가 얽히기 시작하면 '질투'라는 괴물을 만들어낸다.
그리고 '부럽다'와 '질투'를 구분하지 못한 채 '질투하다니
꼴불견이야'라고 생각하면 '부럽다'가 쌓여서 결국 '원망스
럽다'가 된다.

이처럼 질투 때문에 괴로워하지 않기 위해서는 자신이 어떤지, 상대방이 어떤지, 주변이 어떤지 하는 염려나 착각은 접어두고, '나보다 나은 상대가 부럽다. 좋겠다. 나도 그렇게 되고 싶다'라고 느낀 것을 솔직하게 표현한다.

인간의 감정에는 좋고, 나쁘고, 바르고, 잘못된 것이 없다. 경쟁사회 속에서 살아가다 보면 부러워해서는 안 된다고 생각할지도 모른다. 하지만 부러워하는 마음을 '선망'으로 받아들이고 '부럽다', '그렇게 되고 싶다'라고 감정을 표현하면 질투로까지 발전하지 않는다.

그것이 '참지 않을 용기'로 가는 첫걸음이기도 하다.

인간의 감정에는 좋고, 나쁘고,
바르고, 잘못된 것이 없습니다.
누군가가 부럽다면,
그 부러운 마음을 있는 그대로 표현하세요.
부러워하는 마음을 표현하면 질투로 발전하지 않습니다.
그것이 바로 '참지 않을 용기'로 가는 첫걸음입니다.

싸움은
2회전으로!

- 싸움은 절대로 해서는 안 된다.
- 손해를 보더라도 갈등은 피하는 게 좋다.

이 또한 참는 사람들이 하기 쉬운 착각 중 하나다.

물론 싸움을 피할 수 있다면 더할 나위 없이 좋다. 서로 절대 양보하려고 하지 않고, 그저 소리만 지르고, 목청만 높이는 싸움이라면 차라리 안 하는 편이 낫다. 그러나 하고 싶은 말이 있을 때는 입 다물고 있는 것보다는 부딪칠 각오로 자신의 생각을 말하는 편이 좋다.

참다가 폭발하거나, 상대방을 공격하는 사태가 벌어지지

않게 하기 위해서라도 약간의 언쟁을 지나치게 두려워해서는 안 된다.

다만 언쟁을 할 때도 주의할 점이 있다. 서로 자신의 주장을 상대방에게 이해시키려고 조바심내면 자신도 모르게 일방적인 주장만 하거나, 감정적인 사람이 되기 쉽다. 서로 이해하기 위한 대화를 악담으로 응수하는 결과를 초래할지도 모른다.

그렇게 되지 않는 '건전한 싸움'의 요령이 있을까? 포인트는 자신의 주장을 성급하게 납득시키려고 하지 말고 잠시 멈춰 서는 것이다. 참고 듣는 것이 아니라, 우선 상대방의 주장에 귀를 기울인다.

누군가와 언쟁을 할 때는 자신도 모르게 '내 말 먼저 들어!'라고 말하고 싶어진다. 서로가 무의식적으로 '내 말이 먼저'라고 경쟁을 시작하기 때문에 자기가 하고 싶은 말만 하고, 목소리도 주장도 격해지면 진흙탕 싸움으로 발전한다. 그런 싸움이 되지 않으려면 '먼저 들어라'를 그만두고, '먼저 들을게'라는 자세를 취해야 한다.

이런 식으로 이야기를 이어가보자.

- '당신은 무슨 말을 하고 싶은가?'
  ⇨ '하고 싶은 말은 알았다'
  ⇨ '그럼 나는 이렇게 말하고 싶다'

이 한 번의 심호흡이 감정을 서로 부딪치지 않는 요령이다.

누군가와 다툰다는 것은 거기에 무언가 갈등이나 오해가 있다는 신호다. 그런 상황에서 자신의 주장을 이해시키고 강요하려고만 하면 일방적인 설득이 되기 쉽다.

다툼은 어디까지나 서로가 한 걸음 다가가기 위한 대화의 한 형태다. 자기 할 말만 다 하고, 다투다가 끝나면 이해받지 못했다는 불만과 싫은 감정이 쌓이고, 에너지까지 소모해서 문제는 해결될 조짐이 안 보인다.

수습되지 않고 내 말만 다 하고 끝내지 않기 위해서, 상대방 말에 귀를 기울이면서 좋은 싸움, 즉 열띤 토론을 하도록 하자.

해결되지 않는 싸움은 잠시 휴전

그런데 간혹 싸움의 끝이 보이지 않을 때가 있다. '내가 한 말을 이해해주었으면 좋겠다', '납득할 수 있을 때까지 설명해야겠어'라는 마음이 앞서 진퇴양난에 빠지고 만다.

모처럼 서로 이해하고 납득하기 위해 대화를 하는데도, 그 대화가 길게 이어지면 감정도 격해지고 냉정하게 생각하지 못해 격한 언쟁으로 발전할 수 있다. 그럴 때는 일단 휴전해 보자.

좀처럼 결말이 날 것 같지 않고, 질질 끄는 것 같다면 심호흡을 하고 "일단 그만두자"고 제안한다. "이 얘기는 일단 그만둡시다"라고, "이 이야기는 일단 끝냅시다"라고 말하자.

잠시 대화를 그만두고 그 자리를 벗어나, 조금 휴식을 취하거나 서로 다른 일을 하다 보면 '이렇게 말했다면 좋았을걸', '상대방이 하고 싶은 말은 이런 것이었을지도 몰라' 하고 냉정하게 되돌아볼 수 있다. 그러므로 대화를 잠시 멈추고, 상황을 객관적으로 돌아보고, 감정적으로 치우치지 않게 생각하는 시간이 중요하다.

싸움을 무조건 끝내려고 '그래, 내가 잘못했어', '미안, 이제 안 그럴게'라고 섣불리 사과하는 사람이 있는데, 그러면 상대방은 '대화를 거부했다', '얼렁뚱땅 넘어갔다'는 느낌을 받아 오히려 더 화가 날 수도 있다.

그 자리를 피하려고만 하지 말고 일단 잠시 휴전한 후에 냉정하게 대화를 다시 시도하자. '몇 번이나 싸우라니 정말 싫다', '그냥 한 번으로 끝내고 싶다'라고만 생각하지 말고 '2회전'으로 나눠서 대화하면 오히려 단시간에 건설적인 대화를 할 수 있음을 기억하자.

참지 않을 용기

대니얼 카너먼,
초점착각이 행복을 가로막는다

2002년 노벨경제학상을 받은 인지심리학자 대니얼 카너먼은 한 가지 실험을 했다. 두 그룹으로 참가자를 나눈 뒤 한 그룹에게 "요즘 얼마나 행복하십니까?"라고 질문하고 그다음 "지난달에는 데이트를 몇 번이나 했습니까?"라는 두 가지 내용의 질문을 했다. 실험 결과 참가자의 대답은 두 질문 사이에 아무런 관련이 없었다. 즉, 그들의 대답을 보면 데이트를 많이 했는지 안 했는지는 일상에서 행복을 느끼는 정도에 아무런 차이가 없었다.

그리고 다른 그룹에게는 질문의 순서를 바꾸어 질문했다. "지난달에는 데이트를 몇 번이나 했습니까?"라는 질문을 먼저 한 뒤 "요즘 얼마나 행복하십니까?"를 물었다. 그런데 질문의 순서만 바꿨을 뿐인데 놀랍게도 결과가 완전히 달라졌다. "데이트를 많이 했다"고 대답한 사람일수록 다음 질문에 "요즘 많이 행복하다"고 대답했다. 즉 데이트 경험을 떠올린 것이 다음 질문에 영향을 미쳐 저절로 행복감이 높아진 것이다. 이처럼 한 가지 측면을 강조하는 것으로 다른 결과가 나오는 현상을 '초점 착각'이라고 부른다.

우리는 살면서 늘 자신에게 부족한 면, 잘하지 못하는 부분에만 지나치게 신경 쓰는 경향이 있다. 자신이 부족하다고 생각한 것을 누군가 가졌을 때는 상대를 부러워하기 시작한다. 또 그 마음이 부정적으로 발전하는 경우 질투심 그리고 우월감 혹은 무시하는 마음으로 나타난다.

자신이 가지지 못한 것에만 집중하고, 그로 인해 타인과 자신을 끊임없이 비교하며 일상의 행복을 놓치는 사람들은 이렇듯 특정 요소에 더 큰 비중을 두는 '초점 착각'에 빠진 경우가 많다.

초점 착각이 위험한 또 하나의 이유는 초점 착각에 빠지게 되면 '아무리 열심히 해봤자 달라지는 건 없을 거야', '어차피 성공하지 못할 텐데 이렇게 애쓰며 사는 게 무슨 의미가 있어'와 같이 현재의 행복뿐만 아니라 미래의 행복마저 부정적으로 판단하게 되는 것이다.

특히 요즘처럼 SNS가 활성화된 사회에서는 타인의 삶과 자신의 삶을 끊임없이 비교하며 자존감이 낮아지는 사람들이 점점 늘고 있다. 다른 사람의 일상에 비해 내 삶은 너무 시시하고 재미없게 느껴지는 것이다. 초점 착각이 우리를 행복에서 점점 더 멀어지게 하는 것이다.

타인과 나의 삶을 비교하는 삶 속에서는 결코 행복에 다다를 수 없다. 행복해지고 싶다면 다른 사람과 비교하며 더 앞서기 위해 애쓸 것이 아니라 자기 자신이 행복해지는 방법이 무엇인지를 찾아야 한다.

참지 않을 용기

내가 무엇을 할 때 즐겁고 행복한지, 또 아주 사소한 것일지라도 지금 자신이 무엇을 원하고 있는지, 나를 피곤하게만 하는 관계인데 어쩌지 못해 끌려다니고 있는 관계는 없는지… 온전히 자기 자신에게 집중해 스스로를 돌아보는 시간을 가져보도록 보자.

그 시간을 통해 자신을 피곤하게 하는 것들은 과감히 흘려보내고, 온전한 나로서의 즐거움을 찾게 되길 바란다.

세상은 결국
참는 사람이
손해 본다

**How to Stop Swallowing
your Words and Feelings**

야근하지 않는
용기

사회생활을 하다 보면 참아야 할 때가 있고, '참는 용기'는 얼마든지 낼 수가 있다. 직장에서는 그런 사람이 유독 많다.

특히 관리자 직급이 되면 조직이나 주변 사람들의 움직임을 살피고, 임원들의 눈치를 보면서 자기다움이나 능력을 숨기고 참는 사람이 많다. 승진을 하면서 더더욱 능력을 살리기는커녕 '모난 돌이 정 맞는다'라는 말을 듣지 않으려고 오히려 조심스럽게 행동하는 관리자들이 많은 것 또한 현실이다.

그러나 '어쩔 도리가 없다', '참는 수밖에…'라는 고정관념에 사로잡혀 있다 보면 오히려 기회나 가능성을 놓치는 일도 있다. 오히려 '한번 해보니 못 할 것도 없었다', '참지 않았더니 오히려 뜻밖의 성과를 얻을 수 있었다'는 이야기가 주변에서 쏠쏠히 들려온다.

텔레비전에 나온 한 회사 과장의 이야기다. 그는 굉장히 어린 나이에 과장으로 취임 후, 부하직원들에게 "나는 야근을 하지 않겠다"고 선언했다.

"개인적인 사정이 있어서, 물론 야근을 하는 날도 있겠지만, 기본적으로는 하지 싶지 않아요."

야근을 하는 것이 당연지사였던 회사에서 그는 개인적인 시간을 희생하지 않고 과장직을 수행하기로 결심했다. 그러자 그가 부하직원들에게 야근을 지시하는 일도 줄고, 또 그가 일하는 모습을 보고 야근을 하지 않고도 업무가 순조롭게 진행된다는 사실을 팀원들도 깨닫게 되었다.

더구나 야근을 그다지 힘들게 여기지 않았던 젊은 사원들조차 일을 일찍 끝내고 퇴근 후에는 학창시절에 열중했던 취미활동을 하거나, 신상품 아이디어를 생각해내기도 했다.

고정관념에 연연하지 않고 직장에서 어서티브한 관계를 형성한 그의 지혜는 야근을 하지 않겠다는 용기를 냈고, 부하직원들에게도 좋은 영향을 미쳐 오히려 더 좋은 성과를 낼 수 있었다.

참지 않을 용기

회사나 부서마다 일도 특성도 다르겠지만, 무조건 인내하면서 자신을 상황에 맞추기만 하는 것이 아니라, 새로운 시각으로 상황을 파악하고 고찰해볼 필요가 있다. 그런 용기가 새로운 아이디어나 창조성을 자극할 수 있다.

참는 데 쓰는 에너지를
다른 곳에 쓰자

한편 '그런 일은 우리 회사에서는 있을 수 없어', '모두가 끝까지 남아 일을 한다', '지금까지의 방식을 뒤집어엎는 것은 절대로 무리'라는 직장도 있다. 하지만 그런 환경 속에서도 자신의 생각을 전달하고 자신이 바라는 상황을 실현해가는 사람들이 있는 것 또한 사실이다.

모 부동산 회사의 톱세일즈를 도맡아 했던 남성이 과장으로 승진했다. 하지만 그는 부장의 만류에도 불구하고 승진의 기회를 거부했다.

부동산, 특히 주택 매매는 보통 사람들이 일하지 않는 시간대에 가장 바쁘다. 그때까지는 그 일을 거뜬히 해내던 그였지만, 과장이 되면 이야기는 달라진다. 부하직원이 그날의 일을 끝낼 때까지 전체를 확인할 책임이 있기 때문이다. 주말에도 더 많이 출근해야 한다는 것은 경험상 잘 알고 있었다. 그래서 자신의 가정 상황을 이야기하고, 사원으로는 일할 수 있지만, 간부로서 가지는 책임은 질 수 없다는 사실을 이해시켰다. 그래도 자신의 능력을 충분히 발휘하고 있는 그 부서의 일은 계속하고 싶다는 뜻을 전했다.

그는 승진하고 싶은 마음을 참고 포기한 것이 아니라, 가족을 위해 스스로 선택해 거절한 것이다. 그는 일도 좋아하고, 능력도 있었기 때문에 간부직도 거뜬히 수행할 수 있었을 것이다. 그러나 자기 안에 있는 에너지를 필요로 하는 두 곳에 집중하기로 했다.

'에너지'란 단순히 능력을 말하는 것이 아니라, 무언가를 하고 싶다는 의사와 열정, 자기 주변이나 회사를 위해 공헌하려는 뜻도 포함되어 있다.

참는다는 것은 자신의 자원이나 에너지를 하고 싶은 일, 자신에게 필요한 곳에 쓰지 않고, 참는 데 쓰거나 어딘가에 불만을 쌓아두는 것이다.

만일 간부가 되면 가족을 향한 마음을 억제하거나, 갈등이 생겼을 때 자신이 가지고 있는 에너지를 억누르게 될 것이다. 자신의 에너지를 어디에 써야 할지는 스스로가 제일 잘 알고 있지 않은가?

다음은 취업 활동에 고전을 겪고 있던 어느 경제학과 학생과 상담했을 때의 일이다. 그는 어릴 때부터 만화를 매우 좋아해서 만화가가 되고 싶다고 부모님에게 말했었다. 그러나 부모님은 "무슨 바보 같은 소리를 하는 거야?", "너는 절대 만화가가 될 수 없어", "무난한 직업을 택해야지. 도대체 어떻게 먹고 살래?"라는 말만 계속했다. 그는 결국 경제학부에 입학했다.

그래도 그는 대학 입학 후 다시 만화를 그리기 시작했고, 어느 만화가 밑에서 아르바이트도 시작했다. 취미로 하려고 시작했는데 취직을 눈앞에 두고 고민하기 시작한 것이다. 아르바이트 하는 곳이 어떤지 물어보자 그는 이렇게 말했다.

"뭐, 지금은 보조니까요. 그래도 가끔씩 만화가 선생님께서 '자네, 꽤 센스가 있어', '그 선 상당히 좋은데?'라고 칭찬을 해주시기도 해요…."

"만화가로 재능을 발휘할 수 있는지 한번 물어보지 그래요?"라고 말했더니 "재능이 영 없는 것도 아닌가 봐요"라고 대답했다.

이렇게 해서 그는 졸업할 때까지 그 아르바이트를 계속하다가 결국 그곳에 취직하게 되었다.

그 후 그는 졸업 때까지 지방에 있는 부모님에게 비밀로 한 채, 하고 싶은 일을 계속해서 지금에 이르고 있다.

세상 사람들은 이를 보고 '경제학과를 나와서 만화가?', '부모를 속이다니…'라고 생각할지도 모른다. 그러나 그는 자신의 마음을 억누르지 않고, 하고 싶은 일에 자신의 에너지를 투자했다. 그 결과 어떻게 살아야 할지를 재확인하고, 나아가 다른 사람들로부터 인정받는다는 성취감을 맛보고 있다.

이 이야기처럼 자신의 에너지원을 찾으면 그것을 쏟아야 할 곳도 보인다. 기회란 어딘가에서 날아오는 것이 아니라, 눈앞을 스쳐 지나가는 수많은 일 속에서 자신에게 맞는 것을 찾아내는 것이다.

경험이 부족해 스스로 찾지 못하는 사람, 여성이나 젊은이 등 차별받기 쉬운 사람은 참으면서 사회에 적응해갈 수밖에 없다. 자신이 하고 싶은 일, 하고 싶은 말을 꾹 참고, 눈에 띄지 않게, 모나지 않게 가만히 기다릴 때도 있다.

그럴 때는 자신의 에너지원을 자기 발전이나 관심 있는 일,

159

주변에 도움이 되는 일에 활용하자.

　일찌감치 나는 못 할 거라고 포기해서 보석 같은 재능을 썩히거나, 인내심이 한계에 도달해서 회사나 일을 그만두지 않기 위해 묵묵히 참으며 기다리고 있는 동안에도 시간을 헛되이 보내지 않는 것이 적극적인 삶의 방식이라고 할 수 있다.

참지 않을 용기

참는다는 것은 자신의 에너지를
하고 싶은 일이나 자신이 필요한 곳에 쓰지 않고,
참는 데 쓰거나 불만을 쌓아두는 데 쓰고 있는 거예요.
자신의 에너지를 자기 발전, 관심 있는 일에
활용하는 것이야말로 긍정적인 삶의 방식입니다.

인간답게 사는
용기

인간은 '생물적, 심리적, 사회적' 존재라고 한다. 인간은 생물체일 뿐 아니라, 마음을 가지고 있고, 다른 사람들과 함께 공동체를 만들어간다. 이 세 가지 특성은 인간이 다른 동물과 다른 존재라는 사실을 의미한다.

인류는 이 독자성에 의해 과학과 기술을 진보시키고, 정치경제를 발전시키며, 정보자원의 글로벌화를 달성해서 편안하고 쾌적하며 안정된 삶을 확보하려고 노력해왔다. 그러나 그 노력과 기대는 지구온난화, 끝없는 전쟁, 빈부격차의 심화가 이어지는 사회가 생겨나면서 실현되지 못하고 있다.

21세기에 들어서 카운슬링 분야에서는 인간이 이 세 가지 특성 외에 정신적, 윤리적 존재이기도 하다는 점을 강조하고 있다. '정신적'이라는 말을 들으면 이 세상에는 인간의 이해와 능력을 초월한 '영적, 신비적인 것'이 있는 것 같다. 그것은 '전지의 신'이라고 불리는 존재인지도 모른다. 그런 감각을 지니고 있다는 것은 인간이 신체적, 물리적인 존재일 뿐 아니라, 영적인 면도 지닌 존재라는 뜻이다.

즉 인간은 정신적인 존재이기에 스스로가 전능하지 않다는 사실을 솔직히 인정하고, 불완전한 존재라는 사실을 겸허하게 받아들이는 자세를 지녔다고 할 수 있다.

그런 의미에서 신이나 종교를 믿는 사람도 자신의 한계를 인정하고, 잘난 척하지 않고 최선을 다해 살려는 사람도 모두 정신성을 중요시한다고 할 수 있다.

'윤리적'이란 '도덕적'이라고도 하고, 사람과 사람 사이에 질서 있는 관계가 유지되는 상태를 말하기도 한다. 사회 속에서 자신과 타인의 존엄을 인정하고 차별하거나 차별받는 것이 아니라, 공평하게 살아가기를 바라는 자세이기도 하다.

우리들이 보내는 일상은 이러한 '정신성'이나 '윤리성'으로 유지된다.

- 돈이 되지 않아도 하고 싶은 일이 있다.

- 나답게, 보람 있는 일을 하고 싶다.

- 그것은 불공평하다.

- 그것은 인간으로서 해서는 안 된다.

이런 마음은 정신성이나 윤리성의 표현이다. 하고 싶지 않은 일을 강요받거나 하고 싶은 일을 참으면, 결과적으로 정신성이나 윤리성을 잃고, 나에게도 남에게도 의미 있는 삶의 중심이 무너지고 만다.

여기에서 다시 한 번 지금까지 살펴본 사람들의 일화를 떠올려보자.

야근을 하지 않기로 한 과장, 만화가가 된 젊은이. 그들은 무엇을 중요시했는가? 그들은 정신성과 윤리성을 중심으로 스스로 선택한 인간으로서 충실하게 살고 있다. 그들은 '무난하게' 사는 것이 아니라, 업무의 우열을 가리지도 않았고, 자기 안에 있는 정신성과 윤리성을 소중히 했다. 또한 자기 안에 있는 에너지를 살려서 '인간답게 살' 용기를 냈다.

할수있는일에
마음을다한다

우리는 사회가 원하는 것, 회사에 의미 있는 일을 하는 것을 위해서는 나 자신이 하고 싶은 일을 희생해야 한다고 생각하기 쉽다. 그런데 자신에게 의미 있는 일이 무엇인지 아는 사람은 사회에도 의미 있는 일을 전혀 무시하지 않는다. 이것이야말로 참지 않는 이상적인 업무 방식이 아닐까?

물론 그렇다고 편한 일만 있는 것은 아니다. 작은 업무나 중요한 프로젝트를 진행하는 과정에서 한발 물러서기도 하고, 인내와 싸울 결심도 했을 것이다. 하지만 결심이란 자신에게 의미 있다고 생각되는 길을 개척하면서 그 의미를 계속 생각하는 것이므로 참는 것과는 다르다.

참지 않고 일하는 방법은 개인적인 야심이나 눈앞의 이해관계를 넘어 정신성이 사명감, 즉 미션으로 이어질 가능성이 있다.

숭고한 일이 아니어도 된다

사회에 공헌하거나 미션을 가져야 한다고 하면 무언가 굉장한 것, 숭고한 것을 상상하거나, 목표치가 너무 높아서 자신과는 인연이 없다고 생각하는 사람이 있다. 하지만 미션은 딱히 목표치가 높은 것이나 특별한 일을 하는 것이 아니다. 자신이 하고 싶은 일이면서 남도 기뻐하는 일을 주변에서 찾아보는 일부터 시작하자.

예를 들면 옷을 좋아해서 판매업에 종사하고 있다면 '옷으로 고객을 아름답게 하고, 쇼핑을 즐겁게 해주는 것이 미션'이라고 생각해보면 어떨까? 매출이나 인간관계에 마음이 심란할 때도 '내가 좋아하는 옷을 통해 고객을 기쁘게 하는 것이 나의 미션이다'라고 생각하면 일을 하는 태도도 달라질 수밖에 없다. 다음과 같은 이야기를 한번 보자.

한 교회에 노인과 손녀 단둘이 사는 신도가 있었다. 당시 지역에는 푸세식 화장실에서 나온 인분을 비료로 쓰던 농가가 많았는데 노인은 어느 농가의 밭에 비료를 운반하는 일을 하고 있었다.

그런데 어느 날, 손녀가 학교에서 돌아와 말했다.

"할아버지, 제발 그 일 좀 그만했으면 좋겠어. 학교에서 놀림당한단 말이야."

그 말을 들은 노인이 말했다.

"얘야, 부끄러워할 필요 없단다. 이 일은 누군가는 해야 하는 중요한 일이고, 그것을 할아버지가 하고 있는 것뿐이야."

또 어느 유명한 호텔 레스토랑에서 일하는 웨이터 이야기도 있다. 그 호텔에 숙박하던 어떤 손님이 식사를 하고 다음 날 다시 그 레스토랑을 방문했다. 그런데 어제 봤던 웨이터가 나이프와 포크를 항상 놓는 위치와 다르게 놓았다고 한다.

웨이터는 그 손님이 왼손잡이라는 사실을 알고, 그가 쓰기 편하게 배치해놓았던 것이다. 그 손님이 감동한 나머지 기사를 써서 이 이야기가 알려지게 되었다.

할아버지와 웨이터의 언행에는 미션의 의식이 있다. 눈앞에 있는 일을 솔직하고 정직한 마음으로 바라보고, 자신이 할 수 있는 의미 있는 일에 마음을 다한다. 그것이 미션을 달성하는 것이다.

자신에게 의미 있는 일이 무엇인지 알아야
사회생활에서도 의미 있는 일이 무엇인지 알 수 있습니다.
이것이야말로 참지 않을 용기에서 나오는
이상적인 삶의 방식이라 할 수 있습니다.
자신이 할 수 있는 의미 있는 일에 마음을 다하세요.

자신이 한 행동에
새로운 의미를 부여한다

참는 것이 습관이 되어버린 사람 중에는 계속해서 참다가 그 마음이 해묵은 원망이 되거나 치유하기 어려운 마음의 상처가 된 사람도 있다.

아무리 시간이 지나도 여전히 자신을 괴롭히는 과거의 참았던 기억에 대해 어떻게 대처하면 좋을까? 혼자서 어머니의 병간호를 하게 된 어느 여성의 이야기를 소개하겠다.

이 여성의 어머니는 원래 장남(여성의 오빠)과 며느리(여성의 올케)가 사는 집에서 함께 살았다. 그러나 어머니가 치매에 걸리자 오빠와 올케는 어머니를 돌보지 않겠다고 말했고, 형제들이 서로 어머니를 떠맡기려고 했다. 어머니 명의로 된 집에서 계속 함께 살았기 때문에 오빠와 올케가 어머니를 맡는 것이 당연하다고 생각했지만, 어머니를 서로 떠맡기려는 형제들의 모습에 환멸을 느낀 그녀는 묵묵히 자기가 어머니를 맡기로 했다.

혼자서 어머니를 돌본다는 것은 상상 이상으로 힘든 일이었다. 여성은 자신의 건강을 해쳐가면서까지 헌신적으로 간호했지만, 마음속은 가족들에 대한 원망으로 가득했다.

'원래는 오빠랑 올케가 병간호를 해야 하는 것 아닌가? 얼마나 못된 사람들인가…. 그런 사람들과는 더 이상 말도 섞고 싶지 않아!'

결국 그녀는 형제들에게 의지하지 않고 참고 또 참으면서, 오로지 혼자서 어머니를 간병했다. 여성은 어머니의 간병이라는 엄청난 일을 혼자 힘으로 해냈다. 그러나 여성의 원망은 그 후에도 지워지지 않았다.

'내 인생을 돌려줘!(이 고통을 어떻게 보상해줄 거야?)'

어머니를 떠나보내고 몇 년이 지나도 참았던 세월의 흔적에 괴로워했다.

'진작 어서티브하게 행동했으면 좋았을 텐데'라고 말해봤자, 여성의 마음은 치유되지 못할 것이다.

그렇다면 이처럼 과거에 참았기 때문에 생겨난 원망은 어떻게 하면 풀 수 있을까? 그 포인트는 자신이 했던 행동에 다른 의미를 부여하는 것이다.

여성은 남자 형제들의 모습에 '나는 받아들일 수밖에 없었다'고 수동적인 마음을 가지고 있었지만, 실은 '상대방이 부족해서 내가 떠맡기로 했다'는 자발적인 부분도 있지 않았을까?

물론 당시에 여성이 어머니를 도맡게 된 것은 형제들이 간호를 거부했기 때문이다. 적극적으로 하려고 한 것이 아니라, '할 수밖에 없었다', '강요당했다'라는 수동적인 자세를 취한 것이다. 하지만 여성은 병간호를 스스로 받아들였으며 어느 누구도 하지 않았던 일을 수행했다.

병간호를 해야 하는 생활은 심신의 부담과 함께 인내의 연속이었고, 나아가 누구에게도 감사받지 못하는 고독한 생활이었음에 틀림없다.

하지만 자신이 해낸 일은 사소한 것까지 자신이 가장 잘 안다. 그리고 이런 문제는 특정한 누군가가 나쁘다고 단정 지을 수 없으며, 별 의미도 없다. 원인과 책임을 생각하는 것보다 앞으로 자신을 위해 참아왔던 기억에 의한 마음의 부담을 조금이라도 가볍게 만들어야 한다.

5장 세상은 결국 참는 사람이 손해 본다

그를 위해서라면, 과거로 거슬러 올라가 자신의 행동에 다른 의미를 부여하고 마음을 고쳐먹자. 그때는 참기만 했고 부담스러웠지만 스스로 받아들이기로 결심한 일이므로.

과거의 사실을 바꿀 수는 없지만 그 후의 체험은 자기 자신의 것이며, 부정적인 사실의 뒷면에서 얻은 긍정적인 체험을 자산으로 삼으면 스스로 의미를 바꿀 수 있다.

치유하기 힘든 과거에 참았던 기억으로 괴로워할 때는 어서티브한 표현을 써서 '나는 해냈다', '잘했다', '앞으로도 잘 될 거야'라고 자신의 결심을 칭찬한다. 이 또한 참지 않을 용기가 아닐까?

자신을 위해 참아왔던 기억에 대한
마음의 부담을 이제 덜어내세요.
과거로 거슬러 올라가 자신의 행동에
다른 의미를 부여하고,
그 안에서 얻은 긍정적인 경험을 떠올려
새로운 의미로 바꾸는 것,
이 또한 참지 않을 용기입니다.

있는 그대로의 나를 아는 일이
참지 않을 용기가 된다

다시 한 번 강조하지만, 어서션이란 타인과 잘해나가기 위해 자기를 개조하는 것이 아니다. 자신에게 유리하도록 상대방을 움직이는 기술은 더더욱 아니다. 자신을 소중히 하고, 상대방도 소중히 한다. 그것이 어서션의 가장 중요한 전제다. 그를 위해 중요한 것은 자신을 '공평하게' 평가하고, 있는 그대로의 자신을 아는 것이다.

- 나는 어떤 생각을 하고 어떻게 하고 싶은가?

- 나는 무엇을 할 수 있고 무엇을 할 수 없는가?

- 나는 어떨 때 어떤 기분이 드는가?

이와 같은 질문을 자기 자신에게 던지고, 구체적인 경험을 쌓으면서 스스로를 이해해야 한다. 자신을 '공평하게' 평가하기 위해서는 사람들과 어울리는 가운데 많은 시행착오를 겪고, 할 수 없는 것과 할 수 없는 것을 확인해서 남과의 차이를 받아들이는 것이 도움이 된다.

물론 그 과정에서는 참기도 하고, 참지 않기도 하고, 자신을 내세우지 않기도 하고, 공격적으로 변하기도 할 것이다. 성공도 실패도 있고, 칭찬받거나 무시당하는 일도 있고, 자신을 신뢰하게 되기도 하고, 신뢰하지 못하게 되기도 한다.

하지만 그런 경험을 통해 자신을 보다 '공평하게' 평가할 수 있게 되고, 있는 그대로의 자신을 알 수 있다.

우리들(특히 늘 참기만 하는 사람)은 자신의 부족함이나 결점이라고 여겨지는 것, 남들이 싫어하거나 고치라는 말을 들은 점만 강조해서 자신이라고 믿는 경향이 있다.

- 그 점을 고치지 않으면 남 앞에 나설 수 없다.
- 남들처럼 못하면 형편없다는 말을 들어도 어쩔 수 없다.
- 그러니까 참고 고쳐야 한다.

이런 식으로는 있는 그대로의 자신을 파악하기 어렵다.

혹시 이러한 생각에 사로잡혔을 때는 '나쁜 점, 결점을 대체 누구에게 배운 것일까?'라고 자문해보기 바란다. 그것을 고치는 일은 상대방에게 맞추는 일이었을지도 모르지만, 자기다움을 잃는 것은 아닐까? 자신과 상대방의 단순한 차이를 '결점'이라고 속단하고 있지는 않은가?

자신을 공평하게 평가할 수 있으면 결점이나 하지 못하는 일에 에너지를 낭비하지 않고 자기다움과 좋은 점을 기르는 데 집중할 수 있다. 특히 완벽주의자인 사람은 자신의 결점만 신경 쓰기 때문에 더더욱 조심하자.

우리는 사람과의 관계 속에서 자신을 알아간다. 여러 사람을 만나고, 관계를 맺음으로써 자신의 특징, 할 수 있는 것, 할 수 없는 것 등이 보인다. 그것은 안 되는 것이라고 하기보다 다른 것에 지나지 않은 경우도 있다. '다르다'가 '틀렸다'는 말은 아니다. 자신의 장단점을 공평하게 인정하고 그 특성을 바탕으로 자기다움으로 길러나간다.

이렇게 '있는 그대로의 자신'을 파악하고 참지 않을 용기를 만들어나가자.

파울라&캄벨,
실패에 대한 두려움을 버려라

컬럼비아대학 심리학자 파울라&캄벨 교수는 한 실험을 통해 실패를 인정하고 포기할 줄 아는 사람이 자존감이 높다는 연구결과를 발표했다. 실험은 다음과 같다.

실험 참가자들에게 빈칸을 채워 단어를 완성하는 과제를 주었다. 과제 속 단어들은 매우 어려워 대부분의 실험 참가자들이 문제해결에 어려움을 겪었다. 하나의 문제를 풀 때마다 바로 답을 공개했고, 실험이 끝나고 난 뒤 전체 성적을 보여주었다. 그리고 실험 참가자 모두는 정답률이 30프로에 그쳐 '실패'의 피드백을 받게 되었다.

그 다음 조건을 달리하여 A팀에게는 한 번의 실험만 진행했고, B팀에게는 여러 번의 실험을 진행했다. 즉 A팀은 한 번의 실패 경험을, B팀은 여러 번의 실패 경험을 하게 한 것이다.

이후 여러 번 실패 경험을 하게 한 B팀에게 똑같은 과제에 다시 도전할 것인지, 아예 새로운 과제에 도전할 것인지를 물었다.

그 결과 자존감이 높은 사람인 경우 여러 번 실패를 경험한 과제는 포기하고 새로운 과제에 도전하겠다고 대답한 반면, 자존감이 낮은 사람일수록 실패한 과제를 포기하지 못하고 계속 매달리는 경향을 보였다.

반면 A팀에게 똑같은 질문을 했을 때는 반대의 결과가 나왔다. 한 번의 실패만 경험한 사람들은 자존감이 높을수록 재도전 의사를 보였고, 자존감이 낮은 사람은 바로 기권하겠다고 대답했다.

파울라&캠벨 교수는 연구결과에 대해 자존감이 낮은 사람들일수록 목표 달성보다는 실패에 대한 두려움을 더욱 크게 느끼며, 따라서 무언가를 해내려고 하기보다는 잘하지 못할 것 같은 과제를 피하려는 데 초점을 둔다고 말한다.

또한 실패를 거듭할수록 그에 대한 불편한 마음을 해소하고자 '실패'가 아닌 '성공도 실패도 아닌' 상황으로 만들려고 노력한다는 것이다. 그 시간에 자신이 잘할 수 있는 과제를 찾아 그것에 집중하고 발전시켜가는 것이 더욱 바람직한 데도 말이다.

이런 유형의 사람들은 특히 회사에서 쉽게 찾아볼 수 있다. 그냥저냥 주어진 일을 문제없이 해내지만 그렇다고 딱히 잘하는 게 보이지는 않는 사람들이 많다. 이들 역시 목표 달성으로 인한 성취감보다는 '일 못하는 사람'이 될 것 같은 두려움에 더 잘할 수 있는 일들에 도전조차 하지 않고, 그저 눈앞

참지 않을 용기

의 일들을 적당한 수준에서 처리하는 데 편안함을 느끼는 것이다.

실험결과에서처럼 자존감이 높은 사람들은 여러 번 해보고 안 되면 재빨리 포기하고 자신이 더 잘할 수 있는 일을 찾는다. 포기하지 않고 계속해서 도전하는 자세도 물론 용기 있는 태도지만, 아닌 것 같을 때 깔끔하게 포기하고 새로운 길을 찾는 것이야말로 진짜 용기 있는 태도라 할 수 있다.

모든 일을 다 잘할 수 있는 사람은 없다. 내가 잘할 수 있는 일은 무엇인지, 더 잘할 수 있는 일이 있는데도 불구하고 실패에 대한 두려움, 주변의 눈총 등의 이유로 지지부진한 일에 얽매여 있지는 않은지 한번 되돌아보자.

실패에 대한 두려움에서 벗어나 실패를 받아들이고, 깔끔히 포기할 수 있어야 우리는 내적으로도 외적으로도 건강한 삶을 이어나갈 수 있다.

옮긴이 황혜숙

번역이란 단순히 언어를 옮기는 것이 아니라 사고방식과 문화를 전달하는 것이라는 마음가짐으로 작업에 임하고 있다. 건국대학교 일어교육과와 오클랜드대학 언어학 석사 취득 후 현재는 시드니에 거주하고 있다. 번역 에이전시 엔터스코리아에서 출판기획 및 일본어 전문 번역가로 15년째 활동 중이다. 옮긴 책으로 《50부터는 인생관을 바꿔야 산다》《이렇게 하니 운이 밀려들기 시작했습니다》《프로가 가르쳐주는 초보를 위한 NLP 입문》《세상 모든 이기주의자에게 우아하게 복수하는 법》《처음부터 말 잘하는 사람은 없다》 등 다수가 있다.

참지 않을 용기

초판 1쇄 발행 2020년 9월 15일

지은이 히라키 노리코
펴낸이 정덕식, 김재현
펴낸곳 (주)센시오

출판등록 2009년 10월 14일 제300-2009-126호
주소 서울특별시 마포구 성암로 189, 1711호
전화 02-734-0981
팩스 02-333-0081
전자우편 sensio0981@gmail.com

기획·편집 이미순, 김민정   **외부편집** 정지은
경영지원 김미라   **홍보마케팅** 이종문
디자인 유채민

ISBN 979-11-90356-75-6 03320

소중한 원고를 기다립니다. sensio0981@gmail.com